Geniale
GETREIDE
KÜCHE

Vegetarisch
und vollwertig
genießen mit
Dinkel, Quinoa
& Co.

EVA GRÜNDEMANN · KAI OKRAFKA

Geniale
GETREIDE
KÜCHE

Ulmer

DAS STECKT IM BUCH

VORWORT

Etwas, das meinen Lebensgefährten und mich verbindet, ist der Spaß am Essen und die Neugierde, immer wieder Neues auszuprobieren. Bei unseren Einkäufen führt das z. B. dazu, dass Unbekanntes, sofern es appetitlich aussieht, gleich in unserem Einkaufswagen landet. So ist es uns in den letzten Jahren auch mit den verschiedenen Getreide- und Pseudogetreidesorten ergangen, die mittlerweile auch in den Bioabteilungen gut sortierter Supermärkte erhältlich sind. Erst gesichtet, dann gekauft, und daheim begann das Experimentieren. Dazu sollte man vielleicht noch wissen, dass wir beide eine Vorliebe für kreative, vollwertige Gerichte haben, wobei Kai auch familiär vorbelastet ist. Seine Mutter hat bei dem Ernährungspionier Dr. med. Max Otto Bruker ihre Ausbildung zur Gesundheitsberaterin absolviert, und so hat er bereits als Kind vitalstoffreiche Vollwertkost kennengelernt.

Zusätzlich hat noch das oft verbreitete Halbwissen, welches uns immer wieder in den Medien auch beim Thema Ernährung begegnete und manchmal auch verblüffte, dafür gesorgt, dass wir schließlich den Dingen selber auf den Grund gehen wollten. Entsprechend intensiv beschäftigten wir uns daher mit den verschiedenen Getreide- und Pseudogetreidesorten.

Herausgekommen sind dabei nicht nur jede Menge leckere und unkomplizierte Rezepte, sondern auch solide Grundlageninformationen sowie Tipps und Anregungen im Umgang mit Getreide und Pseudogetreide. Und dieses Wissen möchten wir gerne mit Ihnen teilen. Denn vielleicht sind Sie ja genauso neugierig wie wir und freuen sich, wenn Sie nicht jede Erfahrung selbst machen müssen, sondern direkt experimentieren und probieren können. Außerdem würden wir ohne dieses Wissen heute wahrscheinlich auf manche Köstlichkeit verzichten, nur weil wir irgendwo am Rande gehört oder gelesen haben, dass dieses oder jenes Nahrungsmittel problematisch sei. Es lohnt sich also, den Dingen auf den Grund zu gehen, allein schon, um sich nicht unnötig zu beschränken. Denn in erster Linie soll Essen abwechslungsreich sein und Spaß machen.

Vielen Dank an dieser Stelle für das Zustandekommen dieses Buchs an die Mitarbeiter des Verlags, allen freiwilligen und unfreiwilligen Testessern und allen anderen Menschen, die uns von der Suche nach Informationen bis hin zum Korrekturlesen unterstützt haben.

Und Ihnen, liebe Leser, wünschen wir viel Spaß bei der Lektüre, beim Ausprobieren der Rezepte und eigenen Experimentieren.

Eva Gründemann & Kai Okrafka

GETREIDE VON A BIS Z

GETREIDE UND PSEUDOGETREIDE – EIN ERSTER ÜBERBLICK

Zum Einstieg in die Welt der Getreide und Pseudogetreide erfahren Sie auf den folgenden Seiten zunächst mehr darüber, wie die verschiedenen Getreide- und Pseudogetreidesorten ihren Weg zu uns nach Mitteleuropa fanden. Denn es gab auch Zeiten, zu denen Körner noch nicht zum Speiseplan des Menschen gehörten.

DIE ANFÄNGE DES GETREIDEANBAUS

Über einen sehr langen Zeitraum lebten die Menschen als Jäger und Sammler. Essbare Pflanzenteile wurden zwar gegessen, aber es fand kein gezielter Anbau dieser Pflanzen statt. Erst vor etwa 11 000 Jahren begannen Menschen unabhängig voneinander in verschiedenen Gebieten der Welt sesshaft zu werden: in Vorderasien, China, Mittelamerika, Südamerika und im Osten Nordamerikas. Ähnliches geschah sehr wahrscheinlich auch in einigen Regionen Afrikas und Neuguineas.

Der Fruchtbare Halbmond – Ursprungsregion für unser Getreide

Der *Fruchtbare Halbmond* gilt als die Region in Vorderasien, in der Menschen zum ersten Mal sesshaft wurden und Ackerbau und Viehzucht betrieben. Er bezeichnet ein sichelförmiges Gebiet, das sich heute vom Irak über Syrien, dem Libanon, Israel und Palästina bis nach Jordanien erstreckt. Dort wurden bereits 8500 v. Chr. wilde Formen von Emmer, Einkorn und Gerste kultiviert und angebaut. Der Vorteil dieser

Der Fruchtbare Halbmond

Getreidesorten für eine Klimazone mit ausgeprägten Jahreszeiten war, dass sie in relativ kurzer Zeit reiften. Außerdem ermöglichte die Lagerfähigkeit ihrer Samenkörner eine sicherere Nahrungsmittelversorgung. Vom Fruchtbaren Halbmond breitete sich der Ackerbau in den folgenden Jahrtausenden einerseits in Richtung Europa und Nordafrika aus, andererseits aber auch nach Zentralasien und ins Industal.

6000 JAHRE ALTE GERSTENKÖRNER – EINE PREMIERE IN DER WISSENSCHAFT

★ 2016 erschien die Studie eines internationalen Forscherteams, denen es zum ersten Mal gelungen war, das Erbgut von 6000 Jahre alten Gerstenkörner zu entschlüsseln. Diese waren in der Yoram-Höhle nahe dem Toten Meer gefunden worden. Da in dieser Region auch heute noch die Wildformen von Gerste vorkommen, konnte nachgewiesen werden, dass sich die bereits damals angebauten Sorten genetisch deutlich von den Wildformen unterschieden, aber kaum von den dort noch heute kultivierten Sorten.

China und Zentralasien – von hier stammt nicht nur Reis

In China wurden die Menschen ca. 1000 Jahre später sesshaft als im Fruchtbaren Halbmond. Hier hat der Reisanbau seinen Ursprung. Schon bald nach der Kultivierung entwickelten sich mit dem Langkorn- und Rundkornreis die beiden bis heute wichtigsten Sorten. Von dort aus breitete sich der Reisanbau zunächst nach Südostasien und Indien aus und wurde später durch die Araber nach Europa gebracht.

Auch bestimmte Hirsearten wie die Rispenhirse haben ihren Ursprung in Zentralasien. Außerdem gehört Zentralasien zu den Genzentren des Buchweizens. Dieser wird dort vermutlich seit 500 n. Chr. kultiviert. Nach Europa gelangte er erst im 12. / 13. Jahrhundert durch umherziehende Völker wie den Tartaren und Sarazenen. Vermutlich heißt er deshalb auch in manchen Gegenden Heiden-, Tartaren- oder Sarazenenkorn.

Süd- und Mittelamerika – mehr als nur Mais

Anders als im Fruchtbaren Halbmond war das Angebot von Wildpflanzen, die sich zur Kultivierung eigneten, in der Andenregion und in Mittelamerika deutlich geringer. Wildformen von Weizen oder Gerste gab es keine, dafür Mais und andere Arten wie z. B. Amaranth.

Besonders berühmt für den Anbau von Mais waren in Mittelamerika die Maya, die ihre Blütezeit von 600–900 n. Chr. hatten. Auch heute leben viele Maya noch immer vom Maisanbau.

In Südamerika wurde Mais ebenfalls sehr früh kultiviert. Da Mais allerdings oberhalb einer Höhe von 4000 Metern nicht mehr gedieh, mussten die Andenvölker auf andere Nutzpflanzen ausweichen. Hier boten sich Amaranth, dessen Samenkörner bereits von prähistorischen Indianerstämmen als Nahrungsmittel gesammelt wurden, Quinoa und Canihua an. All diese sind anspruchslose Pflanzen, die sich neben Mais zu einem der Hauptnahrungsmittel der Inka und auch der Azteken entwickelten. Außerdem besaßen Quinoa und Amaranth für beide Kulturvölker eine wichtige symbolische Bedeutung und wurden für religiöse Rituale verwendet. Vermutlich deshalb, und auch weil sie ein wichtiges Grundnahrungsmittel waren, wurde der Anbau beider Sorten während der spanischen Eroberungszüge im 16. Jahrhundert sogar unter Androhung der Todesstrafe verboten. So sollten die Inka und Azteken zusätzlich geschwächt werden.

Auch die Chia-Pflanze stammt aus Mittelamerika, wo sie u. a. als wichtige Nahrungspflanze von den Azteken angebaut wurde, um dann allerdings fast wieder in Vergessenheit zu geraten.

Rispenhirse

Amaranth

Einkorn

WIE ES IN MITTELEUROPA MIT DEN KÖRNERN WEITERGING

Um 3000 v. Chr. hatte sich Emmer, der ertragreicher als Einkorn ist, zur wichtigsten Getreideart in Mitteleuropa entwickelt. Aber auch die Rispenhirse war bereits zur vorrömischen Zeit in Europa sehr verbreitet. Und obwohl sie von der Gerste mehr und mehr verdrängt wurde, blieb sie dennoch bis zum Mittelalter als *Brot des armen Mannes* ein wichtiges Grundnahrungsmittel.

Als Beimischung in Einkorn und Emmer kamen im Laufe der Zeit mit Weichweizen und Dinkel weitere Weizenarten nach Europa, die hier im Reinanbau kultiviert wurden und sich mit ihrem weicheren Korn besser zum Brotbacken eigneten als Emmer, dessen Mehl eher grießig ist. Sie verdrängten schließlich in den römisch besetzten Gebieten den Emmer, wobei in den Provinzen nördlich der Alpen vor allem Dinkel angebaut wurde, der im Vergleich zum Weichweizen weniger temperaturempfindlich war.

Zusammen mit Gerste, Emmer und Einkorn kamen außerdem noch Roggen und Hafer nach Europa. Diese traten ursprünglich nur als Beikraut in Einkorn-, Emmer- und Gerstenfeldern in Erscheinung. Da beide Sorten Fremdbestäuber sind, konnte erst in Europa, wo es keine Wildformen dieser Sorten gab, eine gezielte Züchtung stattfinden. Dem Roggen kam das deutlich rauere Klima in Mitteleuropa sehr entgegen. Anders als Weichweizen verträgt Roggen sogar Frost und benötigt weniger Sonne. In vielen Gebieten Deutschlands entwickelte sich Roggen zu Beginn des Mittelalters zur Hauptbrotfrucht und schaffte es im 12./13. Jahrhundert auf dem Lande sogar, die Dominanz des Weizens zu übertreffen.

Zur gleichen Zeit kam auch der Buchweizen nach Europa. Dessen Vorteil war, dass er aufgrund seiner Anspruchslosigkeit auch auf mageren Heideböden oder abgebrannten Moorflächen angebaut werden konnte, auf denen andere Getreidesorten nicht gut gediehen. Daher wurde er in Norddeutschland auch als *Weizen der armen Leute* bezeichnet.

Zur wichtigsten Getreideart nach Roggen entwickelte sich aber in Deutschland der Hafer, dessen Hochzeit ebenfalls im Mittelalter begann. Vor allem die schwer arbeitende Landbevölkerung aß täglich Hafer- oder Gerstenbrei.

Ein weltweiter Austausch an Kulturpflanzen beginnt

Mit der Entdeckung Amerikas durch Kolumbus begann schließlich ein weltweiter Austausch an Kulturpflanzen. So gelangten Tomaten, Mais, Kartoffeln und andere Nutzpflanzen nach Europa und Reis nach Amerika. Bereits 1525 wurden in Spanien erste Felder mit Mais bebaut. Mais verdrängte schließlich in Südeuropa die Hirse, in Mitteleuropa geschah dies bis auf wenige Ausnahmen durch die Kartoffel. Diese trug mit ihrer Genügsamkeit auch zum Rückgang des Buchweizenanbaus in Deutschland bei.

Außerdem gelangten Körneramaranth und Quinoa mit den spanischen Eroberern nach Europa. 1550 wurde Quinoa zum ersten Mal in Europa erwähnt. Die damaligen Versuche, die Quinoapflanze einzubürgern, scheiterten allerdings genauso wie die Anbauversuche in Deutschland im Ersten Weltkrieg. Damals hatte man gehofft, mit Quinoa kurzfristig anstehende Ernährungsprobleme zu lösen.

Erfolgreicher waren dafür die Versuche, gezielt Maissorten für das europäische Klima zu züchten, nachdem 1805 und 1806 eine Pflanzenseuche zu großen Ausfällen in den Kartoffelernten geführt hatte. In Deutschland weitete sich dennoch der Maisanbau erst seit 1970 stark aus, nachdem weitere angepasste Sorten entwickelt worden waren.

Die Folgen der landwirtschaftlichen Revolution

Als landwirtschaftliche Revolution wird die Veränderung in der Landwirtschaft des 18. Jahrhunderts in Mitteleuropa bezeichnet. Wurden früher die Felder vor allem für den Eigenbedarf bewirtschaftet, lag nun der Fokus auf der Steigerung der Produktivität. Ertragreichere Pflanzensorten wurden gezüchtet und angebaut, und auch die Düngerwirtschaft hat hier ihren Anfang. Die Folge war, dass fast nur noch ertragreichere Weichweizenzüchtungen angebaut wurden, die die alten Getreidesorten verdrängten.

Seit einigen Jahren gewinnen Emmer, Einkorn, Dinkel und der aus Ägypten stammende Khorasan-Weizen Kamut aber wieder an Bedeutung, nachdem vor allem der ökologische Landbau und die Vollwerternährung diese alten Sorten, die gerne auch als Urgetreide bezeichnet werden, wiederentdeckt haben. Und auch die Bekanntheit von Buchweizen hat wieder deutlich zugenommen. Inzwischen findet man nicht nur ihn, sondern auch Amaranth, Quinoa und Chia in den Bioabteilungen gut sortierter Supermärkte.

Dinkelfeld in Niedersachsen

ALLGEMEINES KÖRNERWISSEN

Was macht Getreide aus, und warum lassen sich manche Körner sehr ähnlich verwenden und andere nicht? Diesen und auch allgemeinen Fragen zur Ernährung sind wir in diesem Kapitel nachgegangen.

GETREIDE UND PSEUDOGETREIDE

Nicht bei allen Körnern handelt es sich um Samen von Getreidearten. Daneben gibt es Pseudogetreidearten, deren Samenkörner ähnlich verwendet und verarbeitet werden können wie Getreide. Botanisch betrachtet gehören alle Getreidearten zur Familie der Süßgräser und sind einkeimblättrige Pflanzen. Die Bezeichnung Getreide stammt von dem mittelhochdeutschen Wort *getregede* = „das (von der Erde) Getragene". Pseudogetreidearten sind zweikeimblättrige Pflanzen und stammen aus anderen Pflanzenfamilien. Außerdem sind alle Pseudogetreidearten glutenfrei. Beim Getreide sind nur Hirse, Mais, Reis und Wildreis glutenfrei.

Quinoa und Dinkel

Körner-Stammbaum

Wie die verschiedenen Körnersorten botanisch gesehen miteinander verwandt sind, zeigt ein Körner-Stammbaum (Seite 15). Hier sieht man auch auf einen Blick, welche Körner glutenfrei sind, welche zu den Getreide- und welche zu den Pseudogetreidearten gehören.

Die verschiedenen Weizenarten

Schaut man sich den Körner-Stammbaum an, fällt auf, dass der Begriff *Weizen* sowohl bei den Gattungsbezeichnungen als auch bei den Artenbezeichnungen auftaucht. Und auch wenn Weizen eigentlich der Name der Gattung ist, zu der die Arten Einkorn, Emmer, Hartweizen, Kamut, Dinkel (Grünkern) und Weichweizen gehören, so ist im Handel, in der Landwirtschaft und in Bäckereien fast immer die Getreideart Weichweizen gemeint, wenn von Weizen die Rede ist. Biologisch unterscheiden sich die Weizensorten in ihrer Genomzusammensetzung. Einkorn hat einen doppelten Chromosomensatz, Emmer, Hartweizen und Kamut einen vierfachen und Dinkel sowie Weichweizen besitzen einen sechsfachen Chromosomensatz. Das Praktische ist, dass man mit dem Wissen über die Herkunft der einzelnen Arten Rückschlüsse auf bestimmte Eigenschaften beim Kochen und Backen ziehen kann. So lassen sich Dinkel und Weichweizen in ähnlicher Weise verwenden; Gleiches gilt für Emmer, Hartweizen und Kamut.

KÖRNER-STAMMBAUM

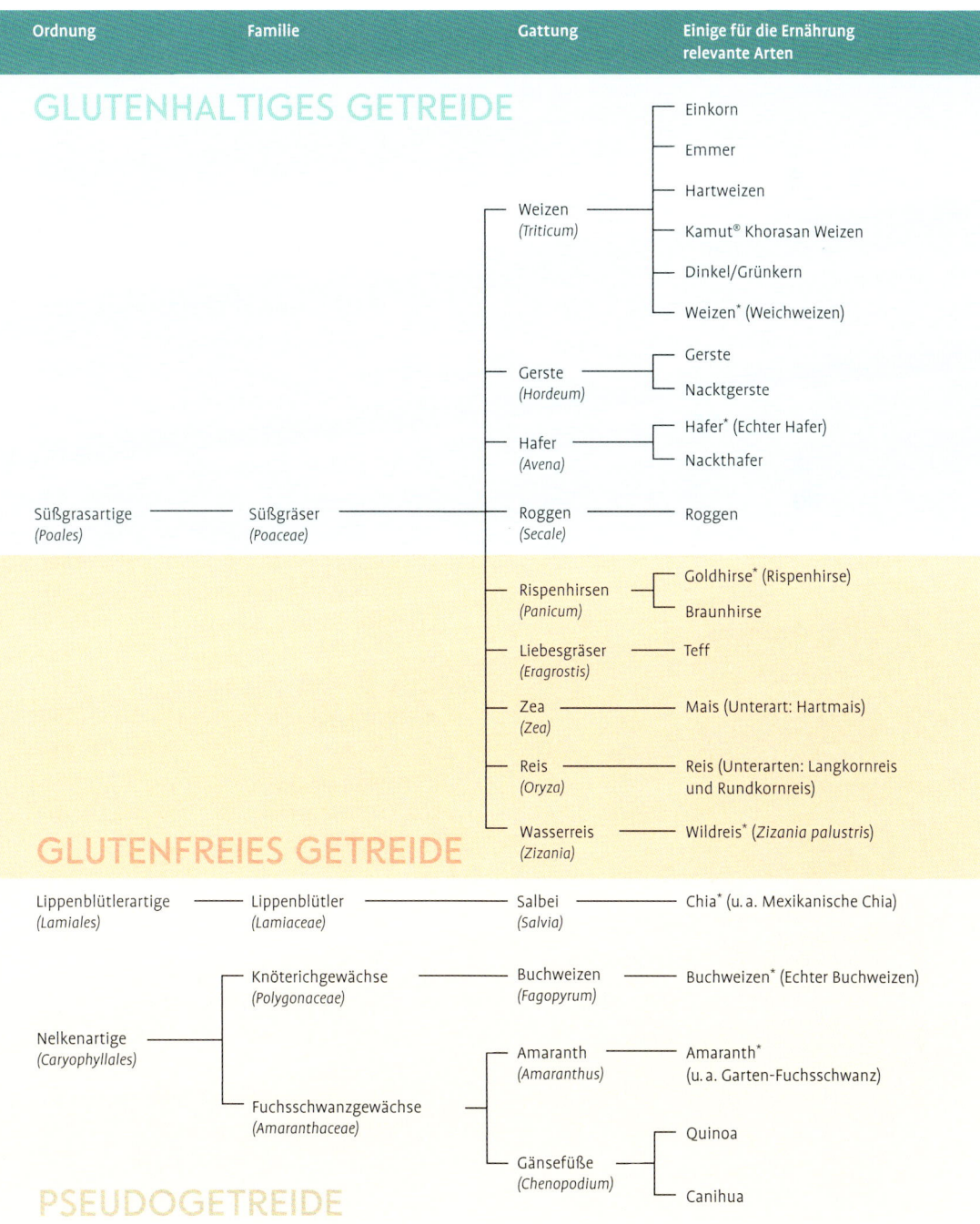

Ordnung	Familie	Gattung	Einige für die Ernährung relevante Arten

GLUTENHALTIGES GETREIDE

Weizen (Triticum)
- Einkorn
- Emmer
- Hartweizen
- Kamut® Khorasan Weizen
- Dinkel/Grünkern
- Weizen* (Weichweizen)

Gerste (Hordeum)
- Gerste
- Nacktgerste

Hafer (Avena)
- Hafer* (Echter Hafer)
- Nackthafer

Süßgrasartige (Poales) — Süßgräser (Poaceae)

Roggen (Secale) — Roggen

GLUTENFREIES GETREIDE

Rispenhirsen (Panicum)
- Goldhirse* (Rispenhirse)
- Braunhirse

Liebesgräser (Eragrostis) — Teff

Zea (Zea) — Mais (Unterart: Hartmais)

Reis (Oryza) — Reis (Unterarten: Langkornreis und Rundkornreis)

Wasserreis (Zizania) — Wildreis* (Zizania palustris)

Lippenblütlerartige (Lamiales) — Lippenblütler (Lamiaceae) — Salbei (Salvia) — Chia* (u. a. Mexikanische Chia)

Nelkenartige (Caryophyllales)

Knöterichgewächse (Polygonaceae) — Buchweizen (Fagopyrum) — Buchweizen* (Echter Buchweizen)

Fuchsschwanzgewächse (Amaranthaceae)

Amaranth (Amaranthus) — Amaranth* (u. a. Garten-Fuchsschwanz)

Gänsefüße (Chenopodium)
- Quinoa
- Canihua

PSEUDOGETREIDE

* von der Artenbezeichnung abweichender Handelsname

15

EIN KORN AUS DER NÄHE BETRACHTET

Bei einem Getreidekorn befinden sich im Inneren der Mehlkörper und der Keim. Der Mehlkörper enthält neben Stärke auch Klebereiweiß. Der Keim enthält vor allem Fette, lösliche Eiweiße, Mineralstoffe und Vitamine. Umgeben sind der Keim und der Mehlkörper von der Aleuronschicht. Diese Randschicht enthält neben zahlreichen Mineralstoffen und löslichen Eiweißen auch Ballaststoffe. Weitere Ballaststoffe sind in der holzigen Fruchtschale enthalten, die die Aleuronschicht umgibt.

An der Pflanze sind diese Körner entlang der sogenannten Ährenspindel angeordnet. Die Anzahl der um die Ährenspindel angelegten Kornreihen wird dabei als Zeile bezeichnet. Bei zweizeiligen Getreideformen befinden sich also beidseitig von der Ährenspindel jeweils zwei Körner, bei mehrzeiligen Formen entsprechend mehr. Jedes Korn endet außerdem in einer Granne. Diese können sich je nach Sorte deutlich in der Länge unterscheiden. Zusätzlich sind die Körner von Spelzen umhüllt. Bei manchen Sorten können diese Hüllspelzen angewachsen sein und müssen in einem separaten Arbeitsschritt entfernt werden, bei anderen fallen sie bereits beim Dreschen ab. Außerdem gibt es verschiedene Phasen, in denen ein Korn geerntet wird. Die wichtigsten sind die Milchreife und die Vollreife. Bei der Milchreife ist die Einlagerung von Eiweiß bereits beendet. Der Feuchtigkeitsgehalt in den Körnern macht ca. 50 % aus. Bei der Vollreife ist der Feuchtigkeitsgehalt auf unter 20 % abgesunken. Bei der Ernte im Milchreifestadium, wie dies z. B. bei Grünkern der Fall ist, wird das Getreide zunächst schonend getrocknet, um es lagerfähig zu machen. Diesen Vorgang nennt man Darren.

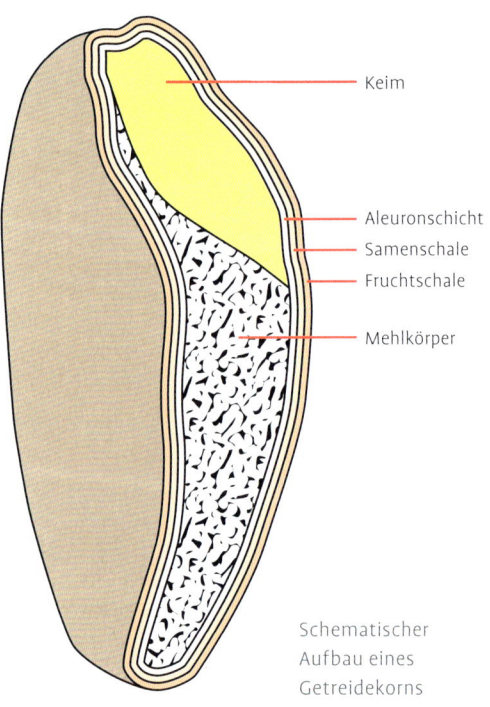

Keim

Aleuronschicht
Samenschale
Fruchtschale

Mehlkörper

Schematischer
Aufbau eines
Getreidekorns

WELCHE ROLLE SPIELEN KÖRNER IN DER ERNÄHRUNG?

Für uns stellt Getreide eine wichtige Bereicherung des Speiseplans dar. Während der eine schon in seiner Kindheit dank seiner vollwertig kochenden Mutter eine Idee von der geschmacklichen Körnervielfalt bekam, hat die andere diese erst später für sich entdeckt. Außerdem enthalten Körner je nach Art und Sorte sehr viele unterschiedliche Inhaltsstoffe, die für eine ausgewogene Ernährung wichtig sind.

VOLLWERTKOST, VOLLWERTERNÄHRUNG ODER DOCH CLEAN EATING?

Ernährungskonzepte gibt es viele, und gefühlt kommen täglich neue hinzu. Mit einigen haben wir uns im Laufe der Zeit intensiver beschäftigt, da uns die Grundideen dahinter gefielen.

VOLLWERTKOST UND CLEAN EATING

★ Der Begriff *Vollwertkost* wurde bereits in den 1940er-Jahren von Prof. Kollath geprägt. Dieser stellte die These auf, dass Lebensmittel umso gesünder sind, je weniger sie verarbeitet sind. Dabei stützte er sich auf Veröffentlichungen des Schweizer Arztes Bircher-Benner. In Anlehnung daran entstanden später weitere Ernährungslehren wie die *Schnitzer-Kost* oder in den 1960er-Jahren die *Vitale Vollwertkost* nach Bruker, der das Getreide in den Mittelpunkt seiner Lehre stellte.

★ Aus den USA stammt der Begriff *Clean Eating*. Auch bei dieser Ernährungsform geht es darum, prozessierte Nahrung zu meiden. Stattdessen soll man seine Nahrung selber frisch zubereiten und, wie auch schon von Bruker empfohlen, auf Zucker verzichten. Es handelt sich also auch hier um *Vollwertkost*.

VOLLWERTERNÄHRUNG

★ Vollwerternährung geht noch einen Schritt weiter als die Vollwertkost. Denn sie schließt den Entstehungsprozess der Nahrung mit ein. Dazu gehören nicht nur eine sinnvolle, tiergerechte Nutztierhaltung und ökologischer Landbau, sondern auch fair gehandelte Lebensmittel, umweltverträglich verpackte Produkte und regionale und saisonale Erzeugnisse. Entwickelt wurde sie in den 1950er-Jahren von Gießener Wissenschaftlern.

VOLLWERTIGE ERNÄHRUNG

★ Die *Deutsche Gesellschaft für Ernährung* versteht unter *vollwertiger Ernährung* eine Ernährung, die alle für den Menschen notwendigen Inhaltsstoffe in den richtigen Mengenverhältnissen enthält. Die Verarbeitung und Herstellung der Lebensmittel spielt hingegen keine Rolle.

Unsere Getreide-
mühle in Aktion

Wie ernähren wir uns?

Im Laufe der Zeit hat es sich ergeben, dass wir inzwischen viele Aspekte der Vollwerternährung berücksichtigen. Diese versuchen wir, so gut wie möglich zu befolgen und fühlen uns dabei sehr wohl. Das Wichtigste für uns bleibt aber bei all dem, manchmal auch im wahrsten Sinne des Wortes unserem Bauchgefühl zu vertrauen.

Vollkorn – warum Mehl selbst mahlen?

Körner enthalten viele wichtige Inhaltsstoffe. Diese befinden sich vor allem im Keimling und in den Randschichten. Daher wird für Vollkornmehl auch das ganze Korn vermahlen. Im Keimling stecken neben vielen Vitaminen und Enzymen auch hochwertige, pflanzliche Fettsäuren. Sobald diese mit Sauerstoff in Kontakt kommen, oxidieren sie. Das Mehl wird ranzig und schmeckt nicht mehr. Daher sollte man Vollkornmehl nicht zu lange lagern. Die Anschaffung einer Getreidemühle kann sich lohnen, da Sie dann die jeweils benötigte Menge an Mehl oder Schrot immer frisch herstellen und den Feinheitsgrad selbst bestimmen können. Getreide- und Pseudogetreidesorten brauchen Sie dann nur noch als ganze Körner zu kaufen und es bleiben keine Reste übrig, sodass der Vorratsschrank auch etwas übersichtlicher wird.

UNVERTRÄGLICHKEITEN UND ALLERGIEN

Wie bei allen anderen Lebensmitteln, kann es auch bei Getreide und Pseudogetreidearten Unverträglichkeiten oder Allergien geben.

Zöliakie, Weizenallergie und Weizensensitivität

Alle drei können die Ursache dafür sein, dass man keinen Weizen verträgt. Falls man eine solche Unverträglichkeit feststellt, sollte man mit Hilfe eines Ernährungstagebuches, Ärzten und Fachliteratur nach den Ursachen forschen, um eine Zöliakie ausschließen zu können. Bei dieser sorgt das im Weizen (und anderen Getreiden) vorhandene Gluten für eine Immunreaktion, die das Darmgewebe schädigt. Gluten ist ein

Klebereiweiß und macht Weizen und andere Getreidesorten backfähig. Betroffene müssen strikt alle glutenhaltigen Getreide vermeiden.

Bei einer Weizenallergie hingegen braucht man lediglich auf die Weizenarten zu verzichten, zu denen auch Dinkel, Einkorn, Emmer und Kamut gehören.

Die Ursachen einer Weizensensitivität bzw. -unverträglichkeit sind noch nicht eindeutig geklärt, eine Hypothese ist, dass hierfür Amylase-Trypsin-Inhibitoren (ATIs) verantwortlich sein könnten. ATIs sind natürliche Bestandteile im Weizen. Die Proteingruppe schützt die Pflanze vor Schädlingsbefall. Man vermutet, dass Weizen-Hochleistungssorten, die eine größere Menge ATIs besitzen, für die neue Unverträglichkeit von Weizen verantwortlich sein können. Außerdem gibt es noch weitere Krankheitsbilder, bei denen man irrtümlich die Ursache für Beschwerden bei bestimmten Lebensmitteln sucht.

Warum gibt es im Handel glutenfrei gekennzeichnete Haferflocken, obwohl Hafer Gluten enthält?

Auch Hafer enthält Gluten. Dennoch kann man im Handel u. a. glutenfrei gekennzeichnete Haferflocken kaufen. Das liegt daran, dass in Deutschland seit März 2016 Haferprodukte mit einem Glutengehalt unter 20 ppm das Glutenfrei-Symbol tragen dürfen. Hier hat man unter Mitwirkung der Deutschen Zöliakie Gesellschaft e. V. (DZG) zwischen den ernährungsphysiologischen Vorteilen und möglichen Nachteilen abgewogen. Dazu gibt es verschiedene klinische Studien, die belegen, dass nicht kontaminierter Hafer, der gesondert für Zöliakie-Betroffene angebaut und verarbeitet wird, von nahezu allen Betroffenen vertragen wird. Dennoch empfiehlt die DZG, dass man möglichst beschwerde-

frei sein sollte, bevor man glutenfrei gekennzeichnete Haferprodukte in seine Ernährung aufnimmt, da Hafer auch eine spezielle Eiweißverbindung enthält, auf die ein sehr geringer Teil der Zöliakie-Patienten sensibel reagiert. Daher bleiben die Rücksprache mit dem behandelnden Arzt und regelmäßige Kontrolluntersuchungen wichtig.

Was es mit der Phytinsäure auf sich hat

Phytinsäure ist ein sekundärer Pflanzenstoff. Sie findet sich vor allem in den äußeren Randschichten von Getreide, Hülsenfrüchten und Ölsaaten und dient als Speicher für Phosphor, das der Keimling zum Wachsen braucht. Im menschlichen Organismus bindet Phytinsäure auch Mineralstoffe wie Calcium, Magnesium, Eisen und Zink, so dass diese nicht mehr vom Körper aufgenommen und verwertet werden können. Weitere Eigenschaften der Phytinsäure, die ebenfalls diskutiert werden, sind ihre regulierende Wirkung auf den Blutzuckerspiegel und ihre antioxidative Wirkung.

Den Gehalt an Phytinsäure kann man u. a. reduzieren, indem man die betroffenen Körner über Nacht einweicht. Durch das Wasser wird ein Enzym freigesetzt, das die Phytinsäure abbaut.

KÖRNER-
PORTRÄTS

GETREIDE

GERSTE

UNSERE LIEBLINGS-REZEPTE MIT GERSTE

★ Orientalischer Salat mit Ziegenkäse und Gerste (Seite 117)

★ Gersten-Risotto mit Schwarzwurzeln (Seite 130)

Wahrscheinlich das anpassungsfähigste Getreide

Gerste gilt als eine der ältesten Kulturgetreidearten. Man kann ihr fast überall auf der Welt begegnen. Neben Sorten, die in gemäßigten Klimazonen angebaut werden, gibt es auch welche, die in Trockengebieten oder in Hochlagen bis zu 4000 Metern gedeihen. Auch in der Reifezeit unterscheiden sich die Sorten sehr. Die in Tibet angebaute Gerste benötigt z. B. weniger als 60 Tage zum Reifen. Dort wird sie meist zu Tsampa verarbeitet, einem der wichtigsten tibetischen Grundnahrungsmittel. Tsampa ist ein Mehl, das üblicherweise aus gerösteter Gerste gewonnen wird. Mittlerweile ist es auch hier erhältlich.

Die meisten Wintergersten sind mehrzeilig und werden als Futtergerste angebaut. Sommergerste ist meist zweizeilig und wird vor allem als Braugerste verwendet. Aus ihr wird durch Keimen und Rösten Malz hergestellt, der ein wichtiger Bestandteil von Bier, Whisky und Malzkaffee ist.

Nacktgerste

Bei den meisten Gerstensorten ist die Spelze fest mit dem Korn verwachsen und muss in speziellen Scheuer- und Schälmaschinen abgetrennt werden. Hierbei kommt es auch zu Verletzungen des Keims. Deshalb gilt geschälte Spelzgerste nicht mehr als voll keimfähig. Nacktgerste ist eine Gerstensorte, bei der die Spelzen bereits beim Dreschen vollständig abfallen. Auf diese Weise behalten die Körner ihre Keimfähigkeit. Daher wird sie manchmal auch Sprießkorngerste genannt.

Wie Sie Gerste verwenden können

Insbesondere Nacktgerste können Sie vielfältig einsetzen. Sie eignet sich auch zum Ziehen von Sprossen. Für uns ist Gerste eine schmackhafte Alternative zu Reis, sei es als Risotto, als Gemüsepfanne oder im Salat. Durch leichtes Darren bei der Zubereitung kann man zudem den typischen malzigen Geschmack der Gerste noch intensivieren. Beim Backen sollten Sie Gerste stets mit backfähigen Getreidesorten wie Weizen oder Dinkel mischen. Alleine ist Gerste nicht backfähig aufgrund der Qualität ihrer Klebeeiweiße.

HAFER

Macht nicht nur Pferde stark

Bereits im Mittelalter wusste man um die stärkende Wirkung vom Echten Hafer, der 2017 auch zur Arzneipflanze des Jahres gewählt wurde. Haferbrei wurde von der hart arbeitenden Landbevölkerung gegessen. Außerdem war Hafer ein besonders beliebtes Futtergetreide in Deutschland. Man denke nur an die Bezeichnung Pferdehafer. Und auch die zuckerregulierende Wirkung von Hafer war schon früh bekannt. Inzwischen konnte diese auch wissenschaftlich nachgewiesen werden. Es gibt Herz- und Gefäßzentren, die Diabetikern und Herzpatienten neben der schulmedizinischen Behandlung auch wieder eine Haferkur anbieten. Bis in die 1960er-Jahre wurden solche Hafertage oft in Kliniken eingesetzt, gerieten dann aber in Vergessenheit.

Auch in der traditionellen chinesischen Medizin wird Hafer u. a. zur Regulierung von Zuckerentgleisungen eingesetzt. Außerdem ist Hafer besonders bekömmlich. Wir selbst haben schon gelegentlich feststellen können, wie gut Haferbrei aufgrund seiner Schleimstoffe einen gereizten Magen beruhigen kann. Da allerdings die Erträge von Hafer vergleichsweise gering sind, wurde er in vielen Gegenden von ertragreicheren Getreidesorten wie Weizen verdrängt.

Nackthafer

Auch beim Hafer gibt es Spelz- und Nackthafer. Anders als bei der Gerste sind die Spelzen jedoch nicht mit dem Kern verwachsen. Spelzhafer wird zunächst gedarrt und dann geschält. Hierbei geht die Keimfähigkeit durch die Hitzebehandlung verloren. Beim Nackthafer, auch Sprießkornhafer genannt, bleibt die Keimfähigkeit erhalten. Denn hier fallen die Spelzen bereits beim Dreschen vollständig ab.

Wie Sie Hafer verwenden können

Vor allem zum Frühstück eignet sich Hafer – ob als Frischkorn-Müsli oder Porridge. Außerdem kann man Nackthafer in einem Keimglas ansetzen und Sprossen aus ihm ziehen. Aber auch vegetarische Frikadellen aus Hafer oder Haferkekse sind lecker. Beim Backen sollte man Hafer mit kleberstarken Sorten wie Weichweizen oder Dinkel mischen, denn er enthält selbst sehr wenig Klebereiweiß.

IN KÜRZE

glutenarm

Geschmack: mild und leicht erdig

Aussehen: lange dünne Körner, die einzeln an Rispen sitzen

Übliche Verkaufsformen: als Körner, Flocken, Kleie, Grieß, Mehl und Grütze

UNSERE LIEBLINGS-REZEPTE MIT HAFER

★ Hafermilch (Seite 59)

★ Herzhafter Porridge mit Käse und Paprika (Seite 85)

★ Staudensellerie-Hafer-Cremesuppe (Seite 114)

ROGGEN

Ein Lieblingsgetreide der Deutschen

Weltweit macht Roggen nur 1 % des Getreideanbaus aus. In Deutschland betrug 2014 der Anteil von Roggen am Getreideanbau allerdings 10 %. Deutschland gehört zusammen mit Russland und Polen zu den Ländern, die den meisten Roggen anbauen. Roggen gilt u. a. als Grundlage für die deutsche Brotsortenvielfalt. Außerdem wird er als Viehfutter, für Alkoholika und für die Herstellung von Biogas verwendet.

Von allen Getreidesorten enthält Roggen die meisten Ballaststoffe. Zu diesen gehören u. a. Pentosane, von denen Roggen 6–8 % enthält. Bei Weizen sind es 2–3 %. Bei Pentosanen handelt es sich um unverdauliche Schleimstoffe, die für eine längere Verweildauer im Darm sorgen und eine krebsvorbeugende Wirkung haben sollen. Außerdem besitzen sie eine hohe Wasserbindekraft, wodurch sie dazu beitragen, dass Roggen-Backwaren länger frisch bleiben und gut gelagert werden können. Gleichzeitig verhindern die Pentosane, dass das im Roggen befindliche Gluten beim Backen ein Klebegerüst ausbilden kann. Deshalb verlangt Roggen beim Backen nach einer Sonderbehandlung.

Außerdem lässt sich beim Roggen die Schale nicht vom Mehlkörper trennen. Daher ist Roggen weder als Grieß noch als Graupe erhältlich und das Mehl vom Roggen eher dunkel. Das hellste Roggenmehl entspricht Type 815, wobei im Handel vor allem Type 1150 zu finden ist.

Wie Sie Roggen verwenden können

Um mit Roggen zu backen, benötigt man entweder Sauerteig oder man mischt ihn mit einem Mehl aus der Weizenfamilie, damit dessen Gluten die Aufgabe der Ausbildung eines Klebergerüsts übernehmen kann. Reines Roggenbrot hat eine deutlich dichtere Krume und enthält weniger Poren, da es hauptsächlich aus verkleisterter Stärke besteht. Früher haben wir bei Roggen vor allem an Brot gedacht. Aber inzwischen wissen wir, dass man Roggen auch sehr gut verwenden kann, um Sprossen zu ziehen, oder aber für Müslis, Gemüsepfannen oder Bratlinge.

IN KÜRZE

glutenhaltig

Geschmack: leicht herb bis kräftig aromatisch

Aussehen: längliche graue Körner, die Ähre hat mittellange Grannen und die Blattöhrchen reichen nicht ganz um die Halme

Übliche Verkaufsformen: als Körner, Flocken, Schrot und Mehl

UNSERE LIEBLINGS-REZEPTE MIT ROGGEN

★ Rheinisches Schwarzbrot (Seite 55)

★ Roggen-Dinkel Brötchen mit Müsli (Seite 81)

★ Roggen-Steckrüben-Puffer (Seite 102)

WEICHWEIZEN UND HARTWEIZEN

Weichweizen – eigentlich die Bezeichnung einer Gattung

Weizen hat sich als Bezeichnung für Weichweizen eingebürgert. Betrachtet man die Pflanzensystematik, ist Weizen ein Gattungsname für verschiedene Weizenarten. Ein Vorteil von ihm ist, dass er freidreschend und einfach handhabbar ist. Die Spelzen fallen bereits beim Dreschen ab. Vor allem im konventionellen Anbau wurden zudem Sorten mit hohen Erträgen und guten Backeigenschaften gezüchtet. Inzwischen vermutet man, dass die hochgezüchteten Sorten für manche Weizenunverträglichkeit verantwortlich sein könnten. Weichweizen gilt als das Getreide mit den besten Backeigenschaften und den meisten Verwendungsmöglichkeiten.

Hartweizen

Im Gegensatz zum Weichweizen gilt Hartweizen als Abkömmling des Emmers. Gemahlen ist er ausgesprochen grießig und besitzt eine hellgelbe Farbe. Hartweizen besitzt sehr starke Klebereiweiße. Insgesamt macht Hartweizen nur ca. 10 % der weltweiten Weizenproduktion aus. Hartweizen benötigt ein wärmeres gemäßigtes Klima als Weichweizen. Er ist vor allem in Italien sehr beliebt, wo er bevorzugt für die Herstellung von Nudeln verwendet wird.

Wie Sie Weich- und Hartweizen verwenden können

Weichweizen verfügt über hohe Stärke- bzw. Mehlgehalte und gemahlen kann er sehr fein und weich sein, sodass Sie ihn sehr gut zum Backen verwenden können. Aber auch beim Frischkorn-Müsli sorgt er für Abwechslung. Und Sprossen lassen sich ebenfalls gut aus ihm ziehen. Wegen seiner starken Klebeeigenschaften eignet sich Hartweizen vor allem für Nudeln und Bratlinge. Wenn wir ihn zum Backen verwenden, dann gemischt mit Weichweizen, Dinkel oder Einkorn, damit das Ergebnis auch schön fluffig wird.

UNSERE LIEBLINGSREZEPTE MIT WEIZEN

★ Nudelteig (Seite 56)

★ Bärlauch-Pizzabrötchen (Seite 89)

★ Gemüse im Teigmantel mit Chia-Mango-Chutney (Seite 98)

★ Zucchini-Nusskuchen (Seite 180)

WEICHWEIZEN IN KÜRZE

glutenhaltig

Geschmack: leicht süßlich

Aussehen: rötlich, dicke und kurze Körner, die Ähren haben meist keine Grannen und die Blattöhrchen sind bewimpert

Übliche Verkaufsformen: als Körner, Flocken, Kleie, Grieß und Mehl

HARTWEIZEN IN KÜRZE

glutenhaltig

Geschmack: leicht herzhaft

Aussehen: gold bis bräunliche harte Körner, leicht glasig

Übliche Verkaufsformen: als Körner, Grieß, Couscous und Bulgur

URGETREIDE

DINKEL

glutenhaltig

Geschmack: fein nussig

Aussehen: die reifen Körner haben einen rötlichen Schimmer

Übliche Verkaufsformen: als Körner, Schrot, Flocken, Kleie, Grieß, Mehl, Grütze, Couscous und Bulgur

Das bekannteste Urgetreide

Von den alten Getreidesorten ist Dinkel sicherlich die bekannteste. Zur Römerzeit aß ihn die ländliche Bevölkerung vor allem als Brei, der auch „Habermus" (Lebensspender) genannt wurde. Viel Gutes über den Dinkel wusste auch Hildegard von Bingen im 12. Jahrhundert zu berichten. Sie beschrieb verschiedene Vorzüge des Dinkels, u. a. seine Bekömmlichkeit. Inzwischen weiß man auch, dass oft Menschen mit einer Weizenunverträglichkeit Dinkel gut vertragen. Aktuell erlebt Dinkel, der zwischenzeitlich vom ertragreicheren Weizen verdrängt worden war, wieder eine stärkere Nachfrage aufgrund des gestiegenen Interesses an ausgewogener, vollwertiger Ernährung. Er gilt als anspruchslos und widerstandsfähig gegen klimatische Einflüsse. Angebaut wird er vor allem im ökologischen Landbau. Von Dinkel gibt es relativ wenige Neuzüchtungen. Die Erträge beim Dinkel sind eher gering. Auch durch Düngen lassen sie sich kaum steigern. Außerdem ist Dinkel ein Spelzgetreide, d. h. die einzelnen Körner sind fest vom Spelz umhüllt. Der Vorteil ist, dass die Körner so vor Schädlingen, Kälte und Nässe geschützt sind. Dafür müssen die Dinkelkörner nach der Ernte allerdings noch zusätzlich entspelzt werden.

UNSERE LIEBLINGS-REZEPTE MIT DINKEL

★ Basis-Brotteig (Seite 50)

★ Mediterrane Dinkel-Spätzle-Pfanne (Seite 137)

GRÜNKERN

Aus der Not heraus entstanden

Grünkern ist gedarrter, unreifer Dinkel. Er wird vor allem wegen seines Geschmacks geschätzt, ist aber außerhalb Deutschlands nur in wenigen anderen Ländern populär. Entstanden ist er ursprünglich aus der Not heraus: Um Missernten zu vermeiden, hat man Dinkel bereits im milchreifen Zustand geerntet. Anschließend reduzierte man durch Darren den für die Milchreife üblichen hohen Feuchtigkeitsgehalt der Körner von bis zu 50 %, um diese haltbarer zu machen.

Wie Sie Dinkel und Grünkern verwenden können

Die Backeigenschaften von Dinkel sind dem Weichweizen sehr ähnlich. Beide verfügen über hohe Stärke- bzw. Mehlgehalte. Auch gemahlener Dinkel ist sehr fein und weich. Wir verwenden Dinkel beim Backen oft anstelle von Weizen. Und beim Frischkorn-Müsli sorgt er für geschmackliche Abwechslung. Weder back- noch keimfähig ist hingegen Grünkern. Aber wegen seines leicht rauchigen Geschmacks eignet er sich gut für pikante Gerichte und Brotaufstriche.

IN KÜRZE

glutenhaltig

Geschmack: leicht rauchig nussig

Aussehen: längliche getrocknete grün-gelbe Körner

Übliche Verkaufsformen: als Körner und Schrot

UNSERE LIEBLINGS-REZEPTE MIT GRÜNKERN

★ Grünkern-Kräuterbutter (Seite 82)

★ Grünkernklopse Königsberger Art (Seite 133)

EINKORN

Der Name ist Programm

Einkorn ist eines der ältesten Getreide, das nicht wesentlich weitergezüchtet wurde. Seinen Namen hat Einkorn daher, dass sich bei ihm an jedem Glied der Ährenspindel nur ein einzelnes Korn befindet. Einkorn ist die kleinste Getreidesorte, die ein ähnlich weiches Korn wie Dinkel besitzt. Gelegentlich wird er auch „Kleiner Dinkel" genannt. Da seine Körner deutlich kleiner sind, enthält Einkorn weniger Kohlenhydrate als Dinkel oder Weizen, dafür hat er einen höheren Eiweißgehalt. Einkorn gilt als sehr bekömmlich, besitzt wertvolle Mineralstoffe und kann eine gute Alternative bei einer Weizenunverträglichkeit sein. Einkorn ist außerdem reich an Carotin. Aus diesem Grund haben Backwaren aus Einkorn ihre charakteristische goldgelbe Farbe.

Auch Einkorn zählt zu den alten Sorten, die im Laufe des letzten Jahrhunderts vom ertragreicheren Weichweizen verdrängt wurden. Inzwischen hat ihn aber der ökologische Landbau wieder für sich entdeckt. Sein Anbau ist zwar sehr arbeitsintensiv und die Erträge sind gering, dafür stellt er aber kaum Ansprüche an den Boden. Allerdings ist im Frühjahr eine aufwendige Unkrautbekämpfung nötig, da sich die Einkornreihen erst spät schließen. Außerdem müssen die geernteten Körner in einem separaten Arbeitsgang entspelzt werden.

Wie Sie Einkorn verwenden können

Einkorn kann man in allen Varianten, sei es zum Frühstück, gekocht als schmackhafte Sättigungsbeilage in der Gemüse-Bowl oder zum Backen, verwenden. Da Einkorn sehr weich ist, kann man aus seinen Körnern sehr gut selbst Flocken quetschen. Beim Backen mischen wir Einkorn manchmal auch mit etwas Hartweizen, Emmer oder Kamut, da reine Einkornteige aufgrund des sehr hohen Eiweißgehalts sehr klebrig sein können.

IN KÜRZE

glutenhaltig

Geschmack:
mild-nussig buttrig

Aussehen: kleine, weiche Körner, die sehr feinen Ährchen, in denen jeweils nur ein Korn sitzt, haben lange dünne Grannen

Übliche Verkaufsformen:
als Körner, Flocken und Mehl

UNSERE LIEBLINGSREZEPTE MIT EINKORN

★ Einkorn-Scones mit Chia-Erdbeermarmelade (Seite 78)

★ Gefüllte Spinatbällchen mit Tomatensoße (Seite 90)

★ Bibimbap-Bowl mit Einkorn (Seite 134)

EMMER

Urform des Hartweizens

Emmer gehört ebenfalls zu den alten Getreidesorten. Im Vergleich zu Einkorn ist er deutlich größer und kräftiger und hat dichtere Halme. Manchmal wird Emmer auch als Zweikorn bezeichnet. Bei ihm finden sich jeweils zwei Körner in den um die Spindel angeordneten Ährchen. So wie Einkorn liegt auch Emmer heute noch fast in seiner Urform vor und wird im ökologischen Landbau wieder verstärkt angebaut. Dabei unterscheidet man verschiedene Unterarten wie **Schwarzer Emmer**, **Weißer Emmer** oder **Roter Emmer**. Emmer gedeiht sogar auf sehr schlechten und steinigen Böden. Dies ist sicherlich ein Grund, warum er auch in Äthiopien angebaut wird. Emmer ist ein Spelzgetreide, bei dem die Spelzen in einem zusätzlichen Arbeitsgang vom Korn getrennt werden müssen. Im Gegensatz zu Einkorn schmeckt Emmer leicht würzig. Sein Mehl ist goldfarben. Broten verleiht Emmer eine dunkle Färbung. Emmer gilt als Urform des Hartweizens. Er besitzt ein ähnlich hartes Korn, hat allerdings einen deutlich höheren Eiweißgehalt. Inzwischen gibt es sogar Bier aus Emmer, und in Baden-Württemberg gibt es den Arbeitskreis Spelzgetreide, der u. a. von Forschern der Universität Hohenheim gegründet wurde, um den Anbau von Emmer, Einkorn und Dinkel wieder zu fördern.

Wie Sie Emmer verwenden können

Ähnlich wie aus Hartweizen, kann man aus Emmer sehr gut Nudeln herstellen. Aber auch Backwaren verleiht er einen kräftig würzigen Geschmack, wobei wir ihn zum Backen meistens mit Einkorn, Dinkel oder Weizen mischen. Außerdem sorgt Emmer bei uns für geschmackliche Abwechslung beim Frühstück im Frischkorn-Müsli oder mittags in Salaten und Suppen.

IN KÜRZE

glutenhaltig

Geschmack: leicht würzig

Aussehen: kleine schlanke harte gelbe Körner, leicht glasig

Übliche Verkaufsformen: als Körner, Flocken und Mehl

UNSERE LIEBLINGSREZEPTE MIT EMMER

★ Emmer-Kürbis-Ravioli mit Salbeibutter (Seite 126)

★ Emmer-Eintopf mit Sellerie und Lauch (Seite 146)

KAMUT

glutenhaltig

Geschmack: mild nussig

Aussehen: lange harte gelbe Körner, leicht glasig, dicke Ähren mit langen Grannen

Übliche Verkaufsformen: als Körner, Flocken, Schrot, Grieß, Mehl und Couscous

UNSERE LIEBLINGS-REZEPTE MIT KAMUT

★ Nudelteig (Seite 56)

★ Zucchini-Nusskuchen (Seite 180)

Ein Getreide mit eigenem Markennamen

1990 wurde der Khorasan-Weizen von der amerikanischen Familie Quinn, die ihn bereits seit Jahren anbaute, unter dem Namen KAMUT® als Handelsmarke registriert. Nach eigenen Angaben wollte man so den Khorasan-Weizen in seiner ursprünglichen Form bewahren und dafür sorgen, dass er immer ökologisch angebaut wird. Kamut ist die altägyptische Bezeichnung für *Die Seele der Erde*. Khorasan-Weizen soll bereits vor 6000 Jahren zu Zeiten der altägyptischen Hochkultur angebaut worden sein. Die Jahrtausende hat das Getreide vermutlich auf den Feldern selbstversorgender Bauern in Ägypten und Kleinasien überlebt. 1949 wurden dann Körner von einem amerikanischen Piloten in die USA gebracht. Dort führte sein Anbau zunächst ein Nischendasein, bis die Familie Quinn ihn für sich entdeckte.

Von der Beschaffenheit der Körner ähnelt Kamut Emmer und Hartweizen, seine Körner sind aber deutlich größer. Sein gelbliches Mehl ist ebenfalls grießig. Seine Körner sind auch von festen Hüllspelzen umgeben, diese fallen aber bereits beim Dreschen ab. Kamut gehört deshalb wie Hartweizen zu den Nacktgetreiden. Auch benötigt er ähnlich viel Wärme und Licht zum Wachsen wie Hartweizen. Er wird noch immer vor allem in den USA angebaut, doch auch in Südeuropa nimmt inzwischen der Anbau von Kamut zu. Ähnlich wie die übrigen Urgetreidesorten verfügt auch Kamut über einen höheren Gehalt an Eiweißen und Mineralstoffen und gilt als sehr bekömmlich.

Wie Sie Kamut verwenden können

Kamut kann wie Hartweizen verwendet werden. Als Grieß mit Früchten zubereitet ergibt er z. B. ein sehr leckeres Dessert, und selbstgemachten Nudeln verleiht er nicht nur einen leicht nussigen Geschmack, sondern auch eine gelbliche Färbung. Wegen des Geschmacks verwenden wir ihn auch gern im Frischkorn-Müsli, egal ob geschrotet, geflockt oder gekeimt. Außerdem backen wir gerne mit Kamut, wobei wir das frisch gemahlene Mehl meistens mit Einkorn, Dinkel oder Weizen mischen.

GLUTENFREIE GETREIDE

HIRSE

Ein Sammelbegriff für verschiedene Sorten

Hirse ist ein Sammelbegriff für verschiedene Sorten kleinfrüchtiger Süßgräser. Diese haben sich weltweit in den unterschiedlichsten Gebieten entwickelt. In Deutschland kann man vor allem Rispenhirse, Braunhirse und Teff kaufen. Daneben gibt es noch weitere Sorten wie Sorghum, Borstenhirse oder Perlhirse. Alle Hirsesorten sind glutenfrei und reich an Kieselsäure und Mineralstoffen. Da diese im ganzen Korn verteilt sind, kommt es bei Hirse kaum zu Verlusten an Inhaltsstoffen durchs Schälen. **Rispenhirsen** sehen fast wie kleine Maispflanzen aus. Die Körner sind von einer harten, ungenießbaren gelben bis roten Fruchtschale umgeben. Die im Handel erhältlichen, geschälten Körner werden meist als **Hirse** oder **Goldhirse** bezeichnet. **Braunhirse** ist eine Urform der Rispenhirse, bei der sowohl die Samen als auch das Mahlgut braun sind. Die Schale wird mit vermahlen, was je nach Mahlgrad aufgrund des teils recht hohen Anteils an tanninhaltigen Verbindungen bei empfindlichen Menschen zu Magen-Darm-Reizungen führen kann. Hirse sollte stets heiß gewaschen werden, um mögliche Rückstände vom Schälprozess zu entfernen. **Teff** wird auch Zwerghirse genannt. Es ist das wichtigste Getreide Äthiopiens mit einer Mehlausbeute von 90 %.

Wie Sie Hirse verwenden können

Hirse kann man gut in Gemüsebrühe garen und mit Gemüse verfeinern. Das Ergebnis ist eine Art Risotto bzw. Hirsotto. Gekochte Hirse verwenden wir außerdem gerne für Bratlinge. Mehl aus Teff verfügt über eine gute Bindekraft trotz fehlender Klebereiweiße. Deswegen nutzen wir es gerne, wenn wir glutenfrei backen.

RISPENHIRSE IN KÜRZE

glutenfrei

Geschmack: aromatisch, leicht nussig

Aussehen: runde, kleine Körner, die geschält gelb sind

Übliche Verkaufsformen: als Körner, Pops, Flocken und Grieß

BRAUNHIRSE IN KÜRZE

glutenfrei

Geschmack: leicht herb

Aussehen: runde, kleine, braune Körner

Übliche Verkaufsformen: als Körner und Mehl

TEFF IN KÜRZE

glutenfrei

Geschmack: aromatisch, leicht nussig

Aussehen: 1–2 mm kleine weiße und rote Samen, in Deutschland meist nur als Mehl erhältlich

Übliche Verkaufsformen: als Mehl

UNSERE LIEBLINGSREZEPTE MIT HIRSE

★ Pilzpfanne mit Hirse (Seite 125)

★ Apfel-Brombeer-Crumble mit Hirse (Seite 167)

★ Teff-Brownies (Seite 175)

MAIS

Nicht nur eine Getreideart

Bei Mais gibt es zahlreiche Kornvarietäten, die in Kornstruktur und -form voneinander abweichen und unterschiedlich genutzt werden. So wird z. B. Zuckermais als Gemüse verwendet, aber auch als Körner- und Futtermais angebaut. Bei ihm wandelt sich beim Reifen der Zucker nicht in Stärke um. Anders ist es bei Hartmais. Hier befindet sich im Innern des glasig harten Korns mehlige Stärke. Deshalb lässt sich Hartmais auch zu Maismehl oder -grieß vermahlen. Dazu benötigt man allerdings eine Getreidemühle mit mindestens 360 Watt Motorleistung. In Mittel- und Südamerika ist Mais als Getreide bis heute eines der wichtigsten Grundnahrungsmittel. Der größte Teil des in Deutschland angebauten Maises wird für Futterzwecke verwendet. Außerdem wird immer mehr Mais zur Energiegewinnung in Biogasanlagen eingesetzt.
Besonders populäre Gerichte mit Mais sind die Tortilla in Mittel- und Südamerika und die Polenta in einigen Regionen Mittel- und Südeuropas. Bei der Tortilla handelt es sich um getoastete Maisfladen. Polenta ist ein aus Maisgrieß hergestellter fester Brei.

Wie Sie Mais verwenden können

Mit Mais können Sie Soßen binden oder auch glutenfreie Brote backen. Für diese muss man das Maismehl allerdings mit anderen Getreiden mischen. Aufgrund des fehlenden Klebereiweißes kann man aus Maismehl allein nur flache Teigwaren wie Tortillas oder Fladenbrote zubereiten. Wir bereiten aus Mais außerdem sehr gerne Polenta zu, die wir oft für überbackene Gerichte verwenden.

IN KÜRZE

glutenfrei

Geschmack: leicht süßlich

Aussehen: hart-glasige bis mehlig-weiche Körner, deren Farbe von weißlich-gelb bis braunrot reichen kann

Übliche Verkaufsformen: als Körner, Pops, Grieß (Polenta), Mehl und Couscous

UNSERE LIEBLINGSREZEPTE MIT MAIS

★ Gefüllte Spinatbällchen mit Tomatensoße (Seite 90)

★ Zucchini-Nudeln mit Polenta Haube (Seite 153)

★ Gebackener Maispudding (Seite 160)

REIS

Das wichtigste Grundnahrungsmittel im asiatischen Raum

In großen Teilen Asiens ist Reis Hauptbestandteil der Ernährung. In einigen asiatischen Sprachen ist das Wort für Reis sogar gleichbedeutend mit Mahlzeit. Inzwischen wird Reis fast weltweit angebaut. Auch Reis gehört zu den Spelzgetreiden: Der Spelz wird nach der Ernte entfernt, wobei das Silberhäutchen, das das Reiskorn umgibt, noch erhalten bleibt. Auf diese Weise erhält man Vollkornreis, der manchmal auch als Naturreis bezeichnet wird. Bei weißem Reis wird noch zusätzlich das Silberhäutchen abgeschliffen (poliert). Bei Parboiled Reis wird der Reis vor dem Polieren mit Heißdampf behandelt, wodurch die Inhaltsstoffe in das Innere des Reiskorns diffundieren sollen.

Vollkornreis enthält in seiner Außenhülle viele wichtige Fette und andere Inhaltsstoffe, die bei poliertem Reis verloren gehen. Allerdings kann Vollkornreis durch den Ölgehalt recht schnell verderben. Deshalb ist es wichtig, Vollkornreis luftdicht, kühl und trocken zu lagern, damit er nicht ranzig wird. Die verschiedenen Reissorten werden nach der Form und Größe des Korns in Langkorn-, Mittelkorn- und Rundkornreis eingeteilt.

Wie Sie Reis verwenden können

Beim Reis sind viele Inhaltsstoffe wasserlöslich, deshalb achten wir beim Reis Kochen darauf, nur so viel Wasser zu verwenden, dass keine überflüssige Kochflüssigkeit weggeschüttet werden muss. Wir verwenden ausschließlich Vollkornreis, sowohl als Langkorn- als auch als Rundkornvariante, wobei wir gerne mit den verschiedenen Vollkornreissorten experimentieren. Langkornreis verwenden wir vor allem für Wok-Gerichte oder als Beilage. Rundkornreis eignet sich für Risotto und süße Desserts.

IN KÜRZE

glutenfrei

Geschmack: je nach Sorte

Aussehen: je nach Sorte

Übliche Verkaufsformen: als Körner, Pops, Flocken und Mehl

UNSERE LIEBLINGSREZEPTE MIT REIS

★ Reismilch (Seite 59)

★ Wok-Gemüse mit Rotem Reis (Seite 145)

★ Apfelreis aus dem Ofen mit Vanillesoße (Seite 164)

WILDREIS

Ein sehr entfernter Verwandter vom Reis

Wildreis und Reis gehören beide zur Familie der Süßgräser, aber zu unterschiedlichen Gattungen. Botanisch gesehen ist Wildreis ein Wassergras. Dieses ist in Kanada und Nordamerika beheimatet und wächst an Fluss- und Seeufern. Die Körner werden als Wildreis, manchmal auch als Indianerreis oder Kanadischer Reis bezeichnet. Für einige der indigenen Völker Kanadas und Nordamerikas war und ist Wildreis auch heute noch ein wichtiges Grundnahrungsmittel. Teilweise wird er in den Seengebieten der Reservate noch auf traditionelle Weise vom Kanu aus geerntet.

Außerdem hat die gestiegene Nachfrage in den letzten Jahren dazu geführt, dass man in den USA begonnen hat, ertragreichere Hybridsorten (Kreuzungen der Ursprungspflanzen) zu züchten und zu kultivieren. Die Aussaat erfolgt auf gefluteten Feldern, die vor der Ernte trockengelegt werden. Anschließend wird per Mähdrescher geerntet.

Vor allem der im Bio-Handel erhältliche Wildreis wird aber nach wie vor traditionell geerntet. Die Körner sind bei der Ernte noch graugrün und besitzen einen hohen Feuchtigkeitsgehalt. Deshalb werden sie zunächst getrocknet, dann gedarrt und abschließend entspelzt. Bei diesen Arbeitsschritten erhalten die Körner ihre schwarzbraune Färbung und den leicht nussigen Geschmack.

In Amerika und Europa gilt Wildreis sowohl wegen seiner Optik als auch des Geschmacks als Delikatesse. Allerdings ist er aufgrund der aufwendigen Ernte auch teurer als die meisten anderen Getreidesorten.

Wie Sie Wildreis verwenden können

Beim Kochen von Wildreis sollte man sein enormes Quellvermögen berücksichtigen. Als gute Faustregel hat sich bei uns die dreifache Menge an Flüssigkeit herausgestellt. Wildreis ist auch für uns eine Spezialität, die wir eher selten genießen, aber wenn, dann meist als Salat oder Suppeneinlage.

PSEUDOGETREIDE

AMARANTH

Kleine Körner, die es in sich haben

Genau genommen bezeichnet Amaranth eine Pflanzengattung der Familie der Fuchsschwanzgewächse. Einige werden als Blattgemüse genutzt, von anderen vorwiegend die Körner verwendet. Die restlichen Sorten gelten entweder als Unkräuter oder als Zierpflanzen. Amaranth ist recht anspruchslos und kann in Höhenlagen bis zu 3000 Metern angebaut werden. Ursprünglich aus Mittel- und Südamerika stammend, wird es inzwischen auch in Nepal, Indien, Pakistan und Westafrika angebaut. Außerdem gibt es einige Anbauprojekte in den USA, Österreich und Deutschland. Zur Körnernutzung werden weltweit hauptsächlich der Gartenfuchsschwanz und in geringerem Umfang einige andere Sorten angebaut. Da die Amaranthkörner sehr klein sind, ist bei ihnen der Keimling im Vergleich zum Mehlkörper sehr groß, was den relativ hohen Eiweißgehalt von Amaranth erklärt. Außerdem gehört Amaranth neben Canihua und Weizenkleie zu den Körnerprodukten mit dem höchsten Eisengehalt. Eine weitere Gemeinsamkeit mit Weizenkleie ist zudem der hohe Magnesiumgehalt.

Wie Sie Amaranth verwenden können

Der leicht nussig-süßliche Geschmack von gegartem Amaranth kommt besonders gut in Bratlingen, Dips, Gemüsefüllungen, Aufläufen und Desserts zur Geltung. Wir haben außerdem eine Schwäche für gepoppten Amaranth entwickelt, den man übrigens auch sehr gut selber machen kann (siehe Kasten). Zum Backen verwenden wir oft etwas gemahlenen Amaranth, den wir dann mit anderen Mehlsorten mischen.

IN KÜRZE

glutenfrei

Geschmack: leicht nussig-süßlich

Aussehen: kleine linsenförmige Körner, die weniger als 1 mm dick sind, Farbe kann von schwarz, über braun und rot, bis hin zu beige und weiß reichen

Übliche Verkaufsformen: als Körner, Pops, Flocken und Mehl

AMARANTH-POPS SELBER MACHEN

★ Pfanne oder Topf mit Deckel erhitzen, 1 EL Amaranth hineingeben, den Deckel wieder schließen und die Pfanne etwas rütteln. Schon beginnen die Körner aufzuspringen. Sobald nichts mehr poppt, die nicht aufgeplatzten Körner mit Hilfe eines Küchensiebs aussortieren.

UNSERE LIEBLINGSREZEPTE MIT AMARANTH

★ Tomaten-Amaranth-Dip (Seite 106)

★ Amaranth-Taler mit Rote Bete und Sesam-Dip (Seite 93)

★ Amaranth-Mousse mit Johannisbeeren (Seite 159)

BUCHWEIZEN

Körnerlieferant und Arzneipflanze des Jahres 1999

Echter Buchweizen gehört zur Familie der Knöterichgewächse. Beim Buchweizen, der im Handel zum Verzehr angeboten wird, handelt es sich um die geschälten Kerne der Buchweizenfrüchte, da die harte Schale unverdaulich ist. Ungeschält erinnern die Früchte an Bucheckern, denen der Buchweizen auch seinen Namen verdankt. Angebaut wird er vor allem in Russland, China und der Ukraine. In Europa sind die größten Produzenten Frankreich und Polen. In Deutschland wird Buchweizen unter anderem in der Lüneburger Heide und in Brandenburg angebaut. Buchweizen stellt geringe Ansprüche an den Boden, er ist jedoch sehr kälteempfindlich, liefert stark schwankende Erträge, und die ungleichmäßige Blüte und Abreife machen es schwierig, den passenden Erntetermin zu wählen.

Buchweizen ist leicht verdaulich und reich an hochwertigen Nähr- und Vitalstoffen. Aufgrund des hohen Gehalts des Flavonoids Rutin in seinen Blättern und Blüten wurde Buchweizen 1999 sogar zur Arzneipflanze des Jahres gewählt. Da die Blütezeit bis zu 45 Tage betragen kann, sind Buchweizenpflanzen zudem eine hervorragende Bienenweide. Im 19. Jahrhundert wurde Buchweizen in Deutschland von der Kartoffel verdrängt. Inzwischen hat seine Bekanntheit aber vor allem durch die Vollwerternährung wieder zugenommen.

Wie Sie Buchweizen verwenden können

Buchweizen kann man prima für Kuchen, Brote, Pfannkuchen, Bratlinge, aber auch als Sprossen oder frisch geschrotet im Frischkorngericht verwenden. Buchweizen hat sich bei uns zum Allrounder entwickelt, da wir seinen nussigen Geschmack sehr mögen und seine Bekömmlichkeit zu schätzen gelernt haben. Er sollte vor dem Kochen gründlich mit warmen Wasser abgespült werden, da er zu starker Schleimbildung neigt. Außerdem muss man Buchweizen beim Backen entweder mit glutenhaltigen Mehlen oder mit glutenfreien Stärkemehlen (z. B. Reismehl oder Maisstärke) und Bindemitteln mischen, da es selber kein Gluten enthält.

IN KÜRZE

glutenfrei

Geschmack: nussig

Aussehen: kleine dreikantige dunkle Nüsschen, die an Bucheckern erinnern

Übliche Verkaufsformen: als Körner, Pops, Flocken, Grütze, Mehl und Bulgur

UNSERE LIEBLINGS-REZEPTE MIT BUCHWEIZEN

★ Buchweizen-Nussbrot (Seite 52)

★ Buchweizen-Bananen-Pancakes (Seite 74)

★ Galettes mit Mangoldfüllung (Seite 149)

CHIA

Der Calciumlieferant unter den Körnern

Ursprünglich stammt Chia aus Mexiko, doch inzwischen wird es auch in mehreren Ländern Südamerikas und in Australien angebaut. Die Chiapflanze gehört zur Gattung des Salbei. Die populärste Chia-Art für die Körnernutzung ist der Mexikanische Chia. In Europa ist Chia noch ein sehr junges Nahrungsmittel. 2009 wurde es von der EFSA (Europäischen Behörde für Lebensmittel) zunächst nur als neuartiges Lebensmittel für Broterzeugnisse mit einem Anteil von bis zu 5 % zugelassen. 2013 wurden die Verwendungszwecke von Chia-Samen als neuartige Lebensmittelzutat erweitert unter Einhaltung der empfohlenen Tagesdosis von maximal 15 g (ca. 1 EL). Der Nährstoffgehalt von Chia-Samen ist ähnlich dem von Leinsamen. Beide enthalten u. a. hohe Anteile an Omega-3-Fettsäuren und Ballaststoffen. Darüber hinaus verfügt Chia über einen Calciumanteil, den man in dieser Höhe eher bei bestimmten Käsesorten antrifft als bei pflanzlichen Produkten. Allerdings fehlen bislang weitgehend wissenschaftliche Belege für die gesundheitsförderliche Wirkung von Chia-Samen und dafür, wie der Körper auf höhere Dosen als die empfohlene Tagesmenge reagiert. Auch sollte man vorsichtig sein, wenn man allergisch auf Salbei, Minze oder Thymian reagiert, da sie zur selben Pflanzenfamilie wie Chia gehören.

Wie Sie Chia verwenden können

Chia-Samen können ihr Volumen auf das bis zu Zehnfache vergrößern, wenn sie mit Flüssigkeit in Berührung kommen. Die geschmacksneutralen Samen nutzen wir besonders gerne für rohköstliche Marmeladen oder Chutneys, für Puddings, um Smoothies anzudicken oder als veganen Eiersatz beim Backen. Pro zu ersetzendes Ei verrührt man dazu 1 EL gemahlene Chia-Samen mit 3 EL Wasser. Die Mischung lässt man kurz quellen und gibt sie dann zu dem Teig. Und auch roh oder geröstet verwenden wir Chia-Samen, z. B. als Topping auf Müsli oder Salat.

IN KÜRZE

glutenfrei

Geschmack: neutral

Aussehen: die mechanisch gereinigten Samen können schwarz oder weiß sein

Übliche Verkaufsformen: als Samen und Mehl

UNSERE LIEBLINGS-REZEPTE MIT CHIA

★ Exotischer Chia-Frühstückspudding (Seite 69)

★ Chia-Erdbeermarmelade (Seite 78)

★ Chia-Mango-Chutney (Seite 98)

QUINOA

IN KÜRZE

glutenfrei

Geschmack: leicht nussig

Aussehen: 1–2 mm große rotbraune, gelbe oder weiße Samen, die an Hirsekörner erinnern

Übliche Verkaufsformen: als Körner, Pops und Flocken

UNSER LIEBLINGS-REZEPT MIT QUINOA

★ Chia-Quinoa-Schoko-Kirsch-Granola (Seite 70)

★ One-Pot-Ratatouille mit Quinoa (Seite 138)

Von der WHO empfohlen, aber auch mit Vorsicht zu genießen

Quinoa, auch Reismelde genannt, zählt zur Gattung der Gänse-füße und zur Familie der Fuchsschwanzgewächse. Daher ist sie botanisch auch mit Gemüse wie Spinat, Mangold und Roter Bete verwandt. Sie stammt aus Südamerika und wird vor allem in Peru, Bolivien und Ecuador angebaut. In Deutschland wird sie in gerin-gen Mengen vorwiegend zu Versuchszwecken kultiviert. Quinoa gilt als sehr nahrhaft, und ihre besonders ausgewogene Amino-säurenzusammensetzung entspricht sogar den Empfehlungen der WHO (Weltgesundheitsorganisation). Sowohl die Körner als auch die Blätter sind essbar. In ungeschältem Zustand sind die Körner allerdings ungenießbar aufgrund ihrer bitter schmecken-den Saponine, die zum Schutz vor Schädlingen auf der Samen-schale liegen. Saponine wirken blutverdünnend und können u. a. Blutzellen schädigen und die Darmschleimhaut reizen. Daher waschen wir Quinoa vor der Zubereitung stets unter fließendem heißen Wasser, auch wenn die im Handel erhältliche Quinoa bereits gewaschen und / oder geschält ist.

CANIHUA

Die kleine Schwester der Quinoa

Auch Canihua gehört zur Gattung der Gänsefüße und stammt wie Quinoa aus den Anden. Sie wird auch als kleine Schwester der Quinoa oder Baby-Quinoa bezeichnet. Im Handel ist Canihua noch selten anzutreffen. Auch im Duden ist Canihua noch nicht erwähnt. Bis in die Gegenwart hat sich Canihua als Grundnahrungsmittel bei den indigenen Bergvölkern bewährt, da die anspruchslose Pflanze in Höhen bis 4500 m gedeiht, in denen nicht einmal mehr Quinoa angebaut werden kann. Neben den Samen werden auch die Blätter als Gemüse und Salat gegessen. Von Quinoa unterscheidet sich Canihua darin, dass es keine Saponine enthält und deshalb vor der Zubereitung nicht gewaschen werden muss. Erwähnenswert ist außerdem ihr recht hoher Eisengehalt, der bei Getreideprodukten nur noch von Weizenkleie überboten wird.

Wie Sie Quinoa und Canihua verwenden können

Für uns sind Quinoa und Canihua eine willkommene Alternative zu Reis, Kartoffeln oder Nudeln. Mit ihrem etwas nussigeren Geschmack bereichern sie inzwischen unseren Speiseplan, wobei es tatsächlich so ist, dass der eine von uns Quinoa sehr gut verträgt während beim anderen Spuren von Saponinen bereits für Reizungen gesorgt haben. Quinoa und Canihua lassen sich sehr gut wie Reis zubereiten und verwenden: in Salaten, Gemüsepfannen oder als Risotto. Für Canihua gilt zudem, dass es sich wegen seiner Konsistenz und des leicht schokoladigen Geschmacks auch besonders gut für Pudding eignet. Und zum Frühstück gibt es beides auch oft geflockt oder gepufft als Zutat in den Smoothie oder ins Frischkorn-Müsli. Nur beim Backen sollte man berücksichtigen, dass beide Sorten kein Gluten enthalten.

IN KÜRZE

glutenfrei

Geschmack: leicht nussig, schokoladig

Aussehen: sehr kleine kugelrunde Samen, die braun bis schwarz gefärbt sind

Übliche Verkaufsformen: als Körner, Pops und Flocken

CANIHUA AUF DER NOVEL-FOOD-LISTE

★ Die EU-Kommission hat Canihua 2017 auf die sogenannte Novel-Food-Liste gesetzt. Wie alle Lebensmittel auf der Liste, „die vor dem 15. Mai 1997 in der EU noch nicht in nennenswertem Umfang für den menschlichen Verzehr verwendet wurden" muss es ein Zulassungsverfahren durchlaufen. Bis dahin kann es unter Umständen schwierig sein, das Pseudogetreide im Handel zu kaufen.

UNSERE LIEBLINGS-REZEPTE MIT CANIHUA

★ Rosenkohl-Canihua-Muffins (Seite 97)

★ Canihua-Schokopudding mit Orange und Chili (Seite 163)

PRAKTISCHE TIPPS ZUM UMGANG MIT GETREIDE

KÜCHENPRAXIS

Wir sind zwar keine Experten, aber wir teilen gerne mit Ihnen unsere Erfahrungen und geben Einblicke in unseren Küchenalltag: von der Ausstattung über die Vorratshaltung und die verschiedenen Verarbeitungsformen, bis hin zu einigen bewährten Faustregeln beim Kochen mit Körnern.

UNSERE KÜCHENAUSSTATTUNG

Im Laufe der Zeit haben verschiedene Küchengeräte bei uns Einzug gehalten, von denen wir auch einige wieder verschenkt haben. Aber auf folgende Geräte und Hilfsmittel wollen wir nicht mehr verzichten.

Getreidemühle

Unsere Getreidemühle ist regelmäßig im Einsatz. Wir mahlen bzw. schroten mit ihr die jeweils benötigten Mengen an Getreide. Entschieden haben wir uns für eine elektrische Getreidemühle mit einem stufenlos verstellbaren Korund-Keramik-Mahlwerk und 360 Watt Motorleistung. Damit lassen sich auch Mais und Kichererbsen mahlen. Außerdem besteht die Möglichkeit, ein Wechselmahlwerk zu nutzen, wenn sich z. B. ein Haushaltsmitglied glutenfrei ernähren muss. Unser Korund-Keramik-Mahlwerk zählt zu den Steinmahlwerken. Daneben gibt es auch Mühlen mit Stahlmahlwerken. Mit ihnen kann man zwar nicht so feines Mehl mahlen, dafür aber auch ölhaltiges Mahlgut wie Leinsamen oder Sesam. Alternativ kann man mittlerweile auch in vielen Naturkostläden sein Mehl frisch mahlen lassen, oder man schafft sich eine Handmühle an, wenn man beabsichtigt, nur kleinere Mengen zu mahlen. Außerdem kann man auch mit einigen Küchenmaschinen Mehl mahlen.

Mixer

Als erstes zogen bei uns ein einfacher Stabmixer und ein kleiner Personal Blender ein. Inzwischen ist der Stabmixer, der u. a. mit gefrorenen Bananenstücken nicht zurechtkam, durch ein leistungsstärkeres Modell mit 250 Watt ersetzt worden. Zu dessen Zubehör gehört auch eine kleine Universalmühle, mit der wir ölhaltige Saaten und Nüsse mahlen. Außerdem besitzen wir seit einiger Zeit einen Hochleistungs-Standmixer, den wir vor allem für Smoothies und für rohköstliche Süßigkeiten verwenden.

Handrührgerät

Alle unsere Teige rühren wir mit einem klassischen Handrührgerät oder kneten sie von Hand. Der Vorteil einer Küchenmaschine ist sicherlich, dass man auch noch andere Küchenarbeiten erledigen kann, während sie sich um den Teig kümmert. Andererseits benötigt sie aber auch etwas Platz.

Sprossenglas

Zum Ziehen von Sprossen benutzen wir klassische Sprossen- bzw. Keimgläser. Bei diesen befindet sich im Deckel ein Sieb. Die Körner werden in den Gläsern eingeweicht, gespült und bis zur Ernte gezogen. Zum Abtropfen des überschüssigen Wassers werden die Gläser schräg gestellt. Man kann auch Schraubgläser verwenden, bei denen man ein Käsetuch oder Fliegengitter über die Öffnung spannt und dies mit einem Gummiband fixiert. Zum Schrägstellen kann man das Glas dann in eine Schüssel stellen. Daneben gibt es zum Ziehen von Sprossen auch sogenannte Keimboxen, bei denen mehrere Schalen übereinandergestapelt werden können. Zum Wässern wird nur die obere Schale gegossen. Das Wasser fließt durch eine Öffnung im Boden in die darunterliegende Schale und schließlich in die Bodenschale.

Flockenquetsche

Wer gerne Flocken zum Frühstück isst, kann auch über die Anschaffung einer Flockenquetsche nachdenken. Flockenquetschen gibt es als Tischmodell, als Wandmodell oder als elektrisches Gerät. Wir besitzen ein einfaches Tischmodell, bei dem das Korn zwischen zwei Edelstahlwalzen platt gedrückt wird.

UNSER VORRATSSCHRANK

Um Schädlinge von den Getreidevorräten fernzuhalten, sollten diese luftdicht, kühl und trocken gelagert und regelmäßig auf Schädlingsbefall überprüft werden. Seitdem wir einmal Schädlingsbefall hatten, füllen wir kleinere Mengen direkt nach Öffnen der Packung in trockene, saubere und gut schließende Gefäße, auf denen wir auch das Mindesthaltbarkeitsdatum vermerken. Größere Mengen (2–3 kg) bewahren wir in entsprechend großen Einmachgläsern mit Drahtbügelverschluss auf. Im Handel gibt es auch spezielle Getreidespeicher für 2,5–5 kg Getreide zu kaufen. Hiermit haben wir bislang noch keine Erfahrungen gemacht. Der Kühlschrank ist übrigens zum Aufbewahren ungeeignet, da er zu kalt und feucht ist. Am besten aufgehoben sind die Körner noch immer in einer separaten Vorratskammer.

WELCHE VERARBEITUNGSFORMEN GIBT ES?

Mehl ist vermutlich neben ganzen Körnern die bekannteste Form, in der Getreide bzw. Pseudogetreide verkauft wird. Daneben sind die meisten Körner aber noch in vielen weiteren Verarbeitungsformen erhältlich, die im Folgenden kurz vorgestellt werden.

Schrot

Schrot ist grob zerkleinertes Getreide, das durch Mahlen in einer Mühle hergestellt wird. Bei der industriellen Mehlherstellung wird das Korn in mehreren Durchgängen gemahlen. Nach jedem Durchgang wird gesiebt und die verschiedenen Schrot-, Grieß- und Mehlsorten sowie die Kleie voneinander getrennt. Schrot kann man auch sehr gut daheim mit seiner Getreidemühle herstellen.

Grieß

Als Grieß werden sehr grobe Mehlstücke mit Schalen bezeichnet. Diese entstehen bereits bei den ersten Mahldurchgängen. Um 100 g Hartweizen-Vollkorngrieß selber herzustellen, schrotet man zunächst 150 g Hartweizen mittelfein. Mit Hilfe eines feinen Siebs wird ein Teil des Mehls abgesiebt, das man dann anderweitig verwenden kann.

Kleie

Die groben flockenartigen Kornschalen, die bei der Getreideverarbeitung nach Absieben des Mehls zurückbleiben, bezeichnet man als Kleie.

Mehl

Gemahlene Getreidekörner ohne Keimling und Randschichten bezeichnet man als Auszugsmehle. Sie werden als unterschiedliche Typen angeboten. Dabei gibt die Typenbezeichnung an, wieviel Milligramm Mineralstoffe 100 g Mehl enthalten. Bestimmt wird der Gehalt, indem 100 g Mehl verbrannt und die zurückgebliebene Asche gewogen wird. Eine höhere Typenbezeichnung bedeutet einen höheren Gehalt an Mineralien. Mit dem sogenannten Ausmahlungsgrad des Mehls steigt neben dem Mineraliengehalt auch die Menge an Ballaststoffen, B-Vitaminen und pflanzlichem Eiweiß. Das liegt daran, dass für die höheren Typen auch mehr Schalenteile vermahlen werden. Bei Vollkornmehl gibt es keine Typenbezeichnungen, da hier aufgrund der mitgemahlenen Randschichten der Körner der Mineralstoffgehalt natürlichen Schwankungen unterliegt.

Grütze

Grütze besteht aus grob zerkleinerten Getreidekörnern. Das Getreide wird gereinigt, nach Korngröße sortiert und geschält. Danach werden die Körner in speziellen Schneidmaschinen zerteilt. Man unterscheidet feine, mittlere und grobe Grütze.

Schrot   Körner   Pops   Kleie

Flocken   Mehl   Grütze   Graupen

Graupen

Graupen, auch Perlgetreide genannt, sind ge-schälte und polierte Getreidekörner. Da die Randschichten entfernt sind, enthalten sie weniger Nährstoffe als das ganze Korn. Dafür gelten sie als bekömmlicher und benötigen eine geringere Garzeit als ganze Körner.

Flocken

Für industriell hergestellte Flocken werden die Körner zunächst durch Wasserdampf formbar gemacht. Anschließend werden die Körner aus-gewalzt und getrocknet. Je nach gewünschter Flockenart werden ganze Körner oder geschnit-tene Körner unterschiedlich intensiv ausge-walzt. Flocken kann man aber auch mit Hilfe einer Flockenquetsche selber machen. Dabei wird das Getreide zwischen zwei Walzen platt gedrückt.

Pops

Pops sind gepuffte Körner.

Bulgur

Bulgur ist vor allem in tropischen und subtro-pischen Ländern beliebt, da es als lagerfähiges und schnell zuzubereitendes Nahrungsmittel gilt. Für Bulgur wird geschältes, geschliffenes Getreide vorgegart und wieder getrocknet. Das Getreide wird dabei entweder als ganzes Korn oder als Bruchkorn verarbeitet.

Couscous

Couscous besteht meist aus Hart- oder Weich-weizen und wird vor allem in der nordafrikani-schen Küche verwendet. Für Couscous wird eine Mischung aus Grieß und Mehl zu Kügelchen ge-formt, im Wasserdampf vorgegart und anschlie-ßend getrocknet.

TIPPS ZUM KÖRNER KOCHEN

Wenn wir Körner kochen, unterscheiden sich die Zubereitungsschritte meist nur durch verschiedene Gar- und Einweichzeiten sowie unterschiedliche Mengen an benötigter Kochflüssigkeit voneinander.

Körner waschen

Der erste Schritt besteht eigentlich fast immer im Waschen der Körner, es sei denn Sie haben vor, sie zu mahlen oder zu schroten. Für kleine Körner wie Amaranth oder Canihua haben wir inzwischen auch ein passendes feinmaschiges Küchensieb, sodass wir sie bequem unter fließendem Wasser abspülen können. Zwar ist das Waschen bei manchen Sorten nicht unbedingt nötig, aber so brauchen wir uns nicht zu merken, bei welchen Körnern man auf keinen Fall aufs Waschen verzichten sollte.

Körner anrösten

Bei manchen Rezepten rösten wir die Körner anschließend kurz in einem trockenen Topf an, damit sie ein noch intensiveres Aroma entfalten.

KÜCHEN-TIPPS

★ Hirse und Quinoa sollten stets heiß gewaschen werden, um mögliche Rückstände vom Schälprozess bzw. die Saponine zu entfernen.

★ Buchweizen sollte vor dem Kochen gründlich mit warmen Wasser abgespült werden, da er zu starker Schleimbildung neigt. Außerdem werden so noch mögliche Rückstände vom Schälprozess entfernt.

★ Nur bei Rundkornreis, den wir nicht so gerne so locker haben wollen wie z. B. Basmatireis, verzichten wir aufs gründliche Abspülen, da wir in dem Fall nicht die Stärke abwaschen wollen.

KÜCHEN-TIPPS

★ Statt mit Wasser kann man je nach der weiteren Verwendung die Körner auch in Gemüsebrühe oder in einem Sahne-Wasser-Gemisch köcheln.

Einweichen und kochen

Um die Garzeit zu reduzieren und den Abbau der Phytinsäure zu unterstützen, ist es sinnvoll, Getreide und Reis vor dem Kochen einzuweichen. Dazu die Körner mit der benötigten Kochwassermenge in einen Topf geben und Getreide 6–10 Stunden einweichen lassen. Vollkornreis lassen wir nur 20 Minuten einweichen und Wildreis 8–12 Stunden. Anschließend das Wasser zum Kochen bringen und die Körner bei geschlossenem Topf und niedriger Temperatur entsprechend der empfohlenen Garzeit köcheln lassen. Nach Ende der Garzeit sollte das gesamte Wasser von den Körnern aufgesogen worden sein. Sollte dies schon vorher der Fall sein, noch etwas Wasser hinzufügen. Überschüssiges Wasser nach Ende der Garzeit abgießen. Anschließend die Körner im geschlossenen Topf 10–15 Minuten ausquellen lassen, mit einer Gabel auflockern und salzen. Wir salzen erst am Ende, weil wir festgestellt haben, dass man so deutlich weniger Salz benötigt, als wenn man dieses bereits zum Kochwasser gibt.

Empfohlene Garzeiten glutenhaltiger Getreidesorten (ganze Körner)

Körnersorte (bei 100 g)	Benötigte Kochflüssigkeit	Garzeit mit Einweichen	Ergibt etwa
Dinkel	200 ml	20–25 Min.	210 g
Einkorn	200 ml	15–20 Min.	210 g
Emmer	200 ml	20–25 Min.	220 g
Gerste	350 ml	25–30 Min.	280 g
Grünkern	200 ml	10–15 Min.	240 g
Nackthafer	150 ml	5–10 Min.	180 g
Roggen	300 ml	45–55 Min.	220 g
Weizen	300 ml	30–35 Min.	195 g

Getreide weichen wir meistens für 6–10 Stunden ein. Ohne Einweichen verlängert sich die Kochzeit um ca. 10–15 Minuten. Außerdem hängt die Kochzeit davon ab, wie bissfest man sein Getreide mag.

Empfohlene Garzeiten glutenfreier Getreidesorten und Pseudogetreide (ganze Körner)

Körnersorte (bei 100 g)	Benötigte Kochflüssigkeit	Garzeit ohne Einweichen	Ergibt etwa
Amaranth	250 ml	20–25 Min.	285 g
Buchweizen	250 ml	15 Min.	275 g
Canihua	400 ml	10–15 Min.	370 g
Hirse, geschält	350 ml	10–15 Min.	380 g
Quinoa	250 ml	10–15 Min.	315 g
		Garzeit mit Einweichen	
Vollkornreis	250 ml	30–35 Min. *	280 g
Wildreis	250 ml	35–40 Min. *	205 g

* Vollkornreis weichen wir für 20–30 Minuten ein, Wildreis für 8–12 Stunden. Ohne Einweichen verlängert sich die Kochzeit um ca. 10 Minuten.

TIPPS ZUM ERSETZEN VON KÖRNERN

★ Natürlich kann es vorkommen, dass Sie manche Körnersorten nicht so gerne mögen bzw. andere besonders gerne. Fürs Backen gilt, dass man in Rezepten problemlos Weizen und Dinkel austauschen kann. Gleiches gilt für Emmer, Hartweizen oder Kamut. Möchten Sie Dinkel oder Weizen durch Einkorn ersetzen, empfiehlt es sich, zusätzlich 20–30 % des Einkorns durch Hartweizen, Emmer oder Kamut zu ersetzen, da reine Einkornteige stark kleben können.

★ Bei Rezepten mit gekochtem Getreide können Sie sich beim Austausch von Körnern in erster Linie von Ihrem Geschmack leiten lassen. Oft können Sie z. B. Hirse durch Amaranth, Quinoa oder Canihua ersetzen, wobei man berücksichtigen sollte, dass man meist weniger Hirse benötigt, da sie beim Garen sehr viel Wasser aufnimmt. Als Faustregel hat sich bei uns bewährt, dass man im Vergleich zu Amaranth nur ¾ der Hirsemenge benötigt.

GRUNDREZEPTE

BASIS-BROTTEIG

Nach diesem Rezept bereiten wir meistens unseren Teig zu, wenn wir Brötchen, Baguettes, Burger oder Pizza machen. Oft verfeinern wir diesen zusätzlich noch mit Saaten, Kräutern oder Knoblauch. Weitere Verwendungsmöglichkeiten für diesen Teig finden Sie auf den Seiten 89 (Bärlauch-Pizzabrötchen) und 106 (Tomaten-Amaranth-Dip mit Fladenbrot).

laktosefrei • vegan

½ Würfel frische Hefe

150 ml lauwarmes Wasser

250 g Dinkel-Vollkornmehl (alternativ: Weizen- oder Einkorn-Vollkornmehl)

1 TL Salz

2 EL Olivenöl

etwas Olivenöl zum Einölen

1 | Hefe zerbröseln und im lauwarmen Wasser auflösen.

2 | Mehl und Salz in einer Schüssel vermischen. In die Mitte eine Mulde drücken und die Hefe-Mischung hineingießen. Mit etwas Mehl einen Vorteig anrühren. Diesen mit Mehl bestäuben und 10–15 Minuten gehen lassen.

3 | Das Olivenöl hinzufügen und alles 5–10 Minuten zu einem glatten und elastischen Teig kneten. Den Teig in eine geölte Schüssel geben und diesen so darin herumrollen, dass er leicht mit Öl bedeckt ist. Den Teig zugedeckt an einem warmen Ort ca. 1 Stunde gehen lassen, bis sich sein Volumen verdoppelt hat.

4 | Teig kurz kneten, dann je nach Rezept weiterverarbeiten.

FÜR BAGUETTE

Für 1–2 Baguettes

Backofen auf 200 °C (Umluft 180 °C) vorheizen. Aus dem Teig ein großes Baguette oder zwei kleinere Baguettes formen und auf ein mit Backpapier belegtes Backblech legen. Die Baguettes in einem Abstand von 1–2 cm mehrmals schräg einschneiden und mit Wasser bepinseln. Baguettes ca. 20 Minuten backen, bis sie goldbraun sind.

KÜCHEN-TIPPS

★ Unter den fertigen Teig 4 EL Saaten oder Körner nach Wunsch mischen (z. B. Mohn, Leinsamen oder Sesam).

★ Auch mit fein gehacktem Knoblauch und Rosmarin schmecken die Baguettes sehr gut.

FÜR PIZZA

Für 2 Portionen

Den Backofen auf 220 °C (Umluft 200 °C) vorheizen. Teig halbieren und auf bemehlter Arbeitsfläche zu runden Pizzen ausrollen und auf mit Backpapier belegte Backbleche legen. Die Pizzen nach Geschmack belegen und je nach Belag ca. 15–20 Minuten backen.

KÜCHEN-TIPP

★ Bei Umluft können Sie auch beide Pizzen gleichzeitig backen.

FÜR MINI-BRÖTCHEN

Für 12 kleine Brötchen

Backofen auf 70 °C (Umluft 50 °C) vorheizen. Den Teig in 12 Portionen teilen, zu kleinen Brötchen formen und auf ein mit Backpapier belegtes Backblech setzen. Backofen ausschalten, aber das Licht anlassen. Die Brötchen auf mittlerer Schiene 20 Minuten gehen lassen, dann die Temperatur auf 220 °C (Umluft 200 °C) erhöhen und die Brötchen ca. 20 Minuten backen.

FÜR BURGER-BUNS

Für 4 Brötchen

Backofen auf 70 °C (Umluft 50 °C) vorheizen. Teig vierteln, zu Brötchen formen, auf ein mit Backpapier belegtes Backblech setzen und mit Wasser einpinseln. Backofen ausschalten, aber das Licht anlassen. Die Brötchen auf mittlerer Schiene 60 Minuten gehen lassen, dann Temperatur auf 190 °C (Umluft 170 °C) hochregeln und Brötchen ca. 25 Minuten backen.

KÜCHEN-TIPPS

★ Die Brötchen eher rund formen, da sie beim Gehen dazu tendieren, in die Breite zu gehen.

★ Burger-Buns vor dem Gehen mit Sesam oder anderen Saaten bestreuen.

BUCHWEIZEN-NUSSBROT

Dieses Brot kann man fast schon als Kuchen bezeichnen. Außerdem kommt es ganz ohne Gluten aus. Dafür sorgt die Kombination aus Buchweizen, Hirse und Mais. Außerdem verwenden wir bei glutenfreien Broten meist reichlich Wasser und lassen den Teig lange gehen, ohne ihn anschließend noch einmal durchzukneten, damit die Brote nicht zu fest und kompakt werden.

glutenfrei

Für 1 Kastenform (25 cm)

1 Würfel frische Hefe

400 ml lauwarmes Wasser

70 g Walnüsse

300 g Buchweizen-Vollkornmehl

100 g Maismehl

40 g Hirseflocken (alternativ: Hirse, geschrotet)

2 TL Salz

50 g Quark

Butter oder Öl für die Form

1 | Die Hefe zerbröseln und im lauwarmen Wasser auflösen. Walnüsse grob hacken.

2 | Alle Zutaten gut zu einem Teig verkneten und 2 Stunden an einem warmen Ort gehen lassen. Backofen auf 220 °C (Umluft 200 °C) vorheizen.

3 | Die Kastenform gut einfetten. Teig in die Form geben und längs einschneiden.

4 | Das Brot auf mittlerer Schiene 15 Minuten backen, dann die Temperatur auf 180 °C (Umluft 160 °C) reduzieren und das Brot weitere 45 Minuten backen.

GETREIDE-ALTERNATIVE

★ Die Hirseflocken können auch durch Haferflocken ersetzt werden. Wenn Sie eine als glutenfrei gekennzeichnete Sorte verwenden, kann das Brot auch noch von vielen Leuten mit Zöliakie vertragen werden (siehe auch Seite 19).

RHEINISCHES SCHWARZBROT

Das Rezept für dieses sehr leckere und gehaltvolle Brot haben wir von einer Kollegin bekommen und es hat uns sofort begeistert. Obwohl wir noch nie zuvor mit Sauerteig gearbeitet haben, hat die Zubereitung auf Anhieb geklappt.

laktosefrei • vegan •
benötigt Vorbereitung

Für 1 Kastenform (35 cm)

500 g Roggen-Vollkornmehl

1 l warmes Wasser

150 g flüssiger
Sauerteigansatz

500 g Roggenschrot

75 g Buchweizenschrot

75 g Sesam

50 g Sonnenblumenkerne

2 EL Zuckerrübensirup

1 EL Salz

Öl für die Form

Mehl für die Form

Sesam und Sonnenblumen-
kerne zum Bestreuen

1 | Für den Vorteig Roggen-Vollkornmehl, 500 ml warmes Wasser und Sauerteigansatz miteinander verrühren und 24 Stunden an einem warmen Ort gehen lassen.

2 | Restliche Zutaten mit dem Vorteig verrühren. Den Teig weitere 24 Stunden an einem warmen Ort gehen lassen.

3 | Inzwischen Kastenform gut einfetten und mit Mehl be-stäuben. Backofen rechtzeitig auf 220 °C (Umluft 200 °C) vorheizen.

4 | Teig in die Form geben, etwas andrücken und mit Sesam und Sonnenblumenkernen bestreuen. Körner leicht andrücken.

5 | Brot auf mittlerer Schiene 45–60 Minuten backen, dann Temperatur auf 170 °C (Umluft 150 °C) runter regeln und Brot weitere 40 Minuten backen.

KÜCHEN-TIPPS

★ Das Brot lässt sich auch sehr gut einfrieren. Dazu schneidet man es am besten auf und legt jeweils ein Blatt Backpapier zwischen die Scheiben.

★ Buchweizen, Sesam und Sonnenblumenkerne kann man auch durch Leinsamen oder gehackte Nüsse ersetzen.

WISSENSWERTES

★ Sauerteig wird meist dauerhaft durch Milchsäurebakterien und Hefen in Gärung gehalten. Beim Backen wird er als Triebmittel hinzugefügt, um den Teig aufzulockern. Roggenteige werden durch Sauerteig überhaupt erst backfähig.

NUDELTEIG

Dies ist unser Basisrezept für Nudeln. Wir selber haben zwar keine Nudelmaschine, stellen aber dennoch öfter unsere Nudeln selbst her, wobei wir besonders gerne gefüllte Varianten wie Ravioli zubereiten. Eines unserer Lieblingsrezepte finden Sie auf Seite 126.

laktosefrei • braucht etwas Zeit

Für 2 Portionen

150 g Weizen-Vollkornmehl

1 EL Olivenöl

1 Prise Salz

40 ml kaltes Wasser

1 Ei

1 | Alle Zutaten in einer Schüssel vermischen und 8–10 Minuten zu einem glatten und elastischen Teig kneten. Falls er zu feucht ist, etwas Mehl hinzugeben, falls er zu trocken ist, etwas Wasser. Anschließend den Teig zu einer Kugel formen und unter einem Küchentuch ca. 1 Stunde bei Zimmertemperatur ruhen lassen.

2 | Den Teig portionsweise entweder mit dem Nudelholz oder einer Nudelmaschine dünn ausrollen, in die gewünschten Formen schneiden und die Nudeln auf bemehlten Küchentüchern trocknen lassen.

3 | Die Nudeln in reichlich kochendem Salzwasser ca. 3 Minuten garen.

GETREIDE-ALTERNATIVEN

★ Sie können die Nudeln auch mit Dinkel-Vollkornmehl zubereiten. Außerdem haben wir gute Erfahrungen mit Emmer- und Kamutmehl gemacht.

KÜCHEN-TIPP

★ Wenn Sie möchten, können Sie den Teig auch verfeinern, indem Sie blanchierten, fein gehackten Spinat, Tomatenmark oder Pilzpulver unterkneten.

BELIEBTE NUDELFORMEN

★ Orecchiette
Teig in zwei Portionen teilen und jeweils auf der bemehlten Arbeitsfläche zu fingerdicken Rollen ausrollen. Dann die Rollen in ca. ½ cm dicke Scheiben schneiden und diese in der Mitte mit dem Daumen oder Fingerknöchel so eindrücken, dass kleine Hütchen entstehen. Teighütchen auf leicht bemehlte Küchentücher geben und mindestens 4 Stunden trocknen lassen, dabei ein- bis zweimal wenden.

★ Farfalle
Teig 2–3 mm dick ausrollen und mit dem Teigrädchen in ca. 3 × 6 cm große Rechtecke zerteilen. Jedes Stück in der Mitte der langen Seite von außen nach innen zusammendrücken.

★ Ravioli
Den Teig auf der bemehlten Arbeitsfläche dünn ausrollen und Kreise mit ca. 5 cm Durchmesser ausstechen. In die Mitte jeweils 1 Teelöffel Füllung geben, die Kreise zusammenklappen und die Ränder mit einer Gabel festdrücken. Eventuell die Ränder vorher etwas anfeuchten, damit sie besser kleben.

GETREIDEMILCH

Hafermilch nutzen wir oft fürs Müsli oder im Smoothie. Außerdem verwenden wir sie manchmal zum Backen oder Kochen als Alternative zu tierischer Milch. Und wenn wir Besuch von Freunden bekommen, die von Zöliakie oder einer Glutenunverträglichkeit betroffen sind, dann kommt auch oft Reismilch zum Einsatz. Allen Milchsorten gemeinsam ist, dass sie sich gut verschlossen im Kühlschrank 3–4 Tage halten, wobei sie vor Gebrauch immer gut geschüttelt werden sollten.

HAFERMILCH

laktosefrei • vegan • benötigt Vorbereitung

Ergibt ca. 600 ml Hafermilch

200 g Nackthafer

650 ml Wasser

1 Prise gemahlene Bourbon-Vanille

4–5 Datteln

1 | Die Haferkörner über Nacht in 250 ml Wasser einweichen.

2 | 400 ml frisches Wasser dazugeben und nach Geschmack mit gemahlener Vanille und Datteln süßen. Alles im Mixer pürieren.

3 | Anschließend die Milch durch ein Tuch (Küchen- oder Passiertuch) abseihen und durchpressen.

KÜCHEN-TIPP

★ Den Getreiderest, der im Tuch zurückbleibt, benutzen wir oft als Basis für Bratlinge, indem wir unter die Masse ein Ei, etwas klein geschnittenes Gemüse und Gewürze nach Geschmack mischen.

REISMILCH

glutenfrei • laktosefrei • vegan

Ergibt ca. 500–650 ml Reismilch

100 g Vollkornreis

750–900 ml Wasser

1 Prise Salz

1 Prise gemahlene Bourbon-Vanille

4–5 Datteln

1 | Reis in einen Topf geben, zweimal durchwaschen, 250 ml Wasser und Salz hinzugeben. Alles bei höchster Stufe aufkochen. Dann den Reis bei sehr schwacher Hitze 30 Minuten bei geschlossenem Deckel köcheln und anschließend etwas abkühlen lassen.

2 | Je nach der gewünschten Sämigkeit 500–650 ml frisches Wasser zugeben und nach Geschmack mit gemahlener Vanille und Datteln süßen. Alles im Mixer pürieren.

3 | Anschließend die Milch durch ein Tuch (Küchen- oder Passiertuch) abseihen und durchpressen.

SPROSSEN ZIEHEN

Wie einfach man Sprossen selber ziehen kann, haben uns befreundete Ernährungsberater gezeigt. Melanie und Sönke betreiben erfolgreich einen Vollwert-Blog (www.vollwert-blog.de), wo man u. a. auch noch weitere Infos zum Ziehen von Sprossen finden kann.

laktosefrei • vegan •
benötigt Vorbereitung
2 EL keimfähige Körner
1 Sprossenglas

1 | Die Körner in ein Sprossenglas geben und entsprechend der Empfehlung in kaltem Wasser einweichen bzw. durchspülen.

2 | Anschließend das Einweichwasser durch den Siebdeckel abgießen und die Körner mit frischem Wasser durchspülen. Damit das noch überschüssige Wasser abfließen kann, das Sprossenglas in 45-Grad-Stellung auf einen Teller stellen. Während des Keimvorgangs das Sprossenglas bei Zimmertemperatur aufbewahren, weder direkt in der Sonne noch in Heizungsnähe.

3 | Die Sprossen auf diese Weise mehrmals täglich entsprechend der Empfehlung durchspülen. Nach 1 bis 3 Tagen sind die meisten Sprossen zum Essen geeignet. Die Sprossen kann man noch bis zu 3 Tage im Kühlschrank aufbewahren, wobei man sie weiterhin täglich durchspülen soll.

WICHTIG

★ Während des Keimvorgangs bilden sich viele feine Härchen an der dicken Wurzel der Keimlinge. Dies sind feine Wurzeln. Sollten sich aber auch auf den Körnern Härchen bilden, dann könnte dies ein Anzeichen für Schimmel sein.

★ Es empfiehlt sich, zerbrochene oder beschädigte Körner auszusortieren, um zu verhindern, dass die Sprossen schimmeln.

WISSENSWERTES

★ Sprossen wachsen bei höheren Temperaturen im Sommer schneller als im Winter. Sie enthalten keine Phytinsäure mehr und sind sehr gesund, da sich viele Vitamine und Enzyme erst während des Keimvorgangs bilden. Zudem schmecken sie gut und verleihen vielen Gerichten einen leckeren, frischen Geschmack.

KÜCHEN-TIPPS

★ In welcher Länge bzw. welchem Entwicklungsstadium man die Sprossen isst, ist reine Geschmackssache.

★ Um Amaranthsprossen zu ziehen, benötigt man ein ganz feines Sieb. Bei den klassischen Sprossengläsern sind die Maschen oft zu groß, sodass die Körner hindurchfallen.

★ Buchweizen, Hafer und Quinoa nicht zu lange einweichen, da sonst die Körner matschig werden und nicht mehr keimen.

Durchschnittliche Keimzeiten und empfohlene Einweichzeiten
einiger glutenhaltiger Getreidesorten

Getreidesorte	Einweichdauer	tägliche Wässerung	Keimdauer (in Tagen)
Dinkel	6–12 h	2–3 ×	2–3
Gerste (Nacktgerste)	6–10 h	2–3 ×	1–2
Hafer (Nackthafer)	1–5 h	2–3 ×	1–2
Kamut	6–12 h	2–3 ×	2–3
Roggen	6–12 h	2–3 ×	2–3
Weizen	6–12 h	2–3 ×	2–3

Durchschnittliche Keimzeiten und empfohlene Einweichzeiten
einiger glutenfreier Getreidesorten und Pseudogetreide

Getreidesorte	Einweichdauer	tägliche Wässerung	Keimdauer (in Tagen)
Amaranth	0 (nur durchspülen)	2–3 ×	1–4
Buchweizen	max. 15 min	2–4 ×	2–3
Quinoa	2–4 h	3–5 ×	1–4
Vollkornreis	12–24 h (nach 12 h Wasser wechseln)	2–3 ×	1–3

FRÜHSTÜCKS-IDEEN

FRISCHKORN-MÜSLI
MIT GEMISCHTEN BEEREN

Die älteren Leser (inklusive der einen Hälfte von uns) werden bei dem Begriff Frischkorn-Müsli eventuell an kaltes eingeweichtes und geschmackloses Getreide denken, wie es Anfang der 80er von manchen Vollwertköstlern gerne zum Frühstück gegessen wurde. Dabei kann so ein Frischkorn-Müsli, mit Obst und weiteren Zutaten verfeinert, extrem köstlich sein. Zudem erobern immer wieder neue Varianten des Frischkorn-Müslis die Foodszene, wie z. B. kürzlich die Overnight Oats.

braucht etwas Zeit ·
laktosefrei · vegan

Für 2 Portionen

100 g Getreide
(als Flocken oder Schrot)

150–200 g gemischte Beeren
(z. B. Blaubeeren, Brombeeren, Erdbeeren, Himbeeren)

1 reife Banane

1 Apfel (140 g)

2 EL Mandelmus

2 EL gehackte Mandeln

1 | Am Vorabend das Getreide mit etwas kaltem Leitungs-wasser verrühren, bei Zimmertemperatur stehen lassen.

2 | Am nächsten Morgen die Beeren verlesen, waschen und abtropfen lassen. Die Banane schälen und pürieren. Den Apfel waschen und grob reiben. Mandelmus, Apfel und Banane mit den eingeweichten Körnern verrühren. Einen Teil der Beeren unterrühren.

3 | Die Müslimischung auf zwei Schalen verteilen, die rest-lichen Beeren darübergeben und mit Mandeln bestreut servieren.

FÜR EILIGE

★ Wer das Getreide nicht über Nacht einweichen will, nimmt am besten geschroteten Buchweizen oder Hafer, den man erst kurz vor dem Essen einweicht.

KÜCHEN-TIPPS

★ Für den Anfang empfehlen wir als Getreide Dinkel oder Weich-weizen oder eine Mischung davon mit Gerste und Roggen. Und dann heißt es einfach, ausprobieren, was einem selber am besten schmeckt. So ist uns über Nacht eingeweichter Haferschrot z. B. zu bitter und Buchweizenschrot etwas zu schleimig. Deshalb weichen wir diese auch erst kurz vor dem Essen ein.

★ Statt der Beeren kann man für sein Müsli auch einfach seine Lieb-lingsfrüchte nehmen, die gerade Saison haben. Die Menge hängt dabei vom persönlichen Appetit ab.

★ Statt Mandeln kann man auch Nüsse oder Saaten wie Sesam, Leinsamen oder Sonnenblumenkerne verwenden.

★ Mandelmus kann man auch durch geschlagene Sahne ersetzen.

ROGGEN-PORRIDGE MIT QUITTENKOMPOTT

Porridge ist unser Frühstücksklassiker, den wir immer wieder saisonal abwandeln. Das gilt sowohl für das verwendete Getreide als auch die Früchte. Es muss also nicht immer nur Hafer sein, auch mit Roggen schmeckt Porridge sehr lecker.

Für 2 Portionen

Quittenkompott:

1 Quitte (250 g)

3 EL Honig

2–3 EL Wasser

1 Prise gemahlene Bourbon-Vanille

1 Prise Zimt

Porridge:

500 ml Flüssigkeit (Wasser, Milch oder eine Mischung aus Wasser und Milch)

100 g Roggenflocken (alternativ: Roggen, geschrotet)

1 Prise Salz

Sahne zum Servieren (optional)

1 | Die Quitte gründlich waschen, achteln und das Kerngehäuse entfernen. Die Quitte in ca. 1 cm dicke Stücke schneiden. Zusammen mit Honig und Wasser in einen Topf geben und unter Rühren 12–14 Minuten köcheln lassen. Mit Vanille und Zimt abschmecken.

2 | Für den Porridge Flüssigkeit in einem kleinen Topf zum Kochen bringen. Roggen einrühren und 8–10 Minuten bei mittlerer Hitze zu einem cremigen Brei köcheln lassen. Dabei gelegentlich umrühren. Zum Schluss mit Salz würzen.

3 | Porridge mit Kompott servieren. Auf Wunsch einen Schuss kalte Sahne darübergießen.

VEGANE VARIANTE

★ Honig durch Reissirup ersetzen, zum Kochen eine Pflanzenmilch oder Wasser verwenden und auf die Sahne verzichten.

SAISONALE VARIANTEN MIT GETREIDE-ALTERNATIVEN

Sehr gut schmecken auch folgende Kombinationen:

★ **Hafer-Porridge mit Rhabarberkompott**
Hierfür 2/3 des klein geschnittenen Rhabarbers 5–7 Minuten köcheln lassen. Dann restlichen Rhabarber zugeben und weitere 2 Minuten köcheln lassen. Mit Vanille abschmecken.

★ **Dinkel-Porridge mit Beerenkompott**
Hierfür 2/3 der Beeren 12–14 Minuten köcheln lassen. Dann restliche Beeren zugeben und weitere 2 Minuten köcheln lassen.

EXOTISCHER CHIA-FRÜHSTÜCKSPUDDING

Zum Frühstück in die Ferne schweifen – das kann einem bei dieser leckeren Frühstücks-variation aus exotischen Früchten, Chia und Mandelmilch durchaus passieren. Zusätzlich verleiht der Zuckerrübensirup dem Ganzen eine süße erdige Note.

glutenfrei • *laktosefrei* •
vegan

Für 2 Portionen

Pudding:

1 reife Kaki (170 g)

230 ml Mandelmilch
(alternativ: 230 ml Wasser,
1 EL Mandelmus)

1 EL Zuckerrübensirup

1 Prise gemahlene
Bourbon-Vanille

30 g Chia-Samen

Topping:

4–5 Mandeln

2 Stängel Minze

1 Maracuja

1 Kiwi

1 Papaya (300 g)

1 | Die Kaki waschen und in grobe Stücke schneiden. Kaki, Mandelmilch, Zuckerrübensirup und Vanille im Mixer zu einer cremigen Masse pürieren. Chia-Samen unterrühren. Während der ersten 10 Minuten gelegentlich umrühren, damit sich keine Klümpchen bilden.

2 | Chia-Pudding im Kühlschrank mindestens 30 Minuten oder über Nacht quellen lassen, bis er eine geleeartige Konsistenz hat.

3 | Mandeln in einer Pfanne ohne Fett anrösten, bis sie leicht Farbe annehmen. Minze kalt abbrausen, trocken schütteln, Blättchen abzupfen und in feine Streifen schneiden. Die Maracuja halbieren und Kerne herauslöffeln. Kiwi und Papaya schälen. Papaya entkernen und mit der Kiwi in grobe Stücke schneiden. Die Mandeln hacken.

4 | Chia-Pudding in zwei Gläser füllen. Die Früchte, Minze und Mandeln darübergeben und servieren.

KÜCHEN-TIPP

★ Den Pudding können Sie auch schon am Abend vorher zubereiten. Morgens einfach nur noch die Früchte zugeben, bevor Sie ihn direkt genießen oder mitnehmen, um ihn später zu verspeisen.

GRANOLA

Das Schöne an selbstgemachtem Granola ist, dass Sie bestimmen, welche Zutaten hineinkommen und wie süß Sie es haben wollen. Hier ein paar Inspirationen.

CHIA-QUINOA-SCHOKO-KIRSCH-GRANOLA

glutenfrei • laktosefrei

Ergibt ca. 400 g

70 g flüssiger Honig

4 EL Kokosöl

80 g getrocknete Kirschen

60 g Haselnüsse

30 g Chia-Samen

40 g Kokosraspel

120 g Quinoaflocken

2 EL Kakaopulver (am besten Rohkostqualität)

30 g Kakaonibs

1 | Den Backofen auf 180 °C (Umluft 160 °C) vorheizen. Honig und Kokosöl in einer Tasse vermischen.

2 | Kirschen und Haselnüsse grob hacken und mit Chia-Samen, Kokosraspeln, Quinoaflocken und Kakaopulver in einer Schüssel mischen. Honig-Kokosöl-Mischung dazugeben und gut verrühren.

3 | Die Masse mit einem Esslöffel auf mit Backpapier belegtem Blech möglichst gleichmäßig verteilen und auf mittlerer Schiene ca. 25 Minuten backen. Nach 15 Minuten vorsichtig wenden.

4 | Anschließend das Granola abkühlen lassen und die Kakaonibs unterrühren.

NUSS-APFEL-BANANE-GRANOLA

laktosefrei

Ergibt ca. 450 g

1 Banane

60 g flüssiger Honig

60 g Haselnüsse

40 g Mandeln

200 g Getreideflocken (z. B. Dinkel, Emmer und Einkorn)

25 g Leinsamen

50 g getrocknete Apfelringe

50 g Rosinen

1 | Den Backofen auf 160 °C (Umluft 140 °C) vorheizen. Die Banane zerdrücken und mit dem Honig in einer Schüssel vermischen.

2 | Haselnüsse und Mandeln grob hacken und mit Getreideflocken und Leinsamen in einer Schüssel mischen. Die Bananen-Honig-Mischung dazugeben und gut verrühren, sodass alles benetzt ist.

3 | Die Masse mit einem Esslöffel auf mit Backpapier belegtem Blech möglichst gleichmäßig verteilen und auf mittlerer Schiene ca. 40 Minuten backen, nach 30 Minuten vorsichtig wenden.

4 | Apfelringe grob hacken. Granola abkühlen lassen, Äpfel und Rosinen unterrühren.

GRÜNE SMOOTHIE-VARIATIONEN

Für unseren Frühstücks-Smoothie verwenden wir sehr gerne das Blattgrün von Gemüse. Außerdem sind die beiden Smoothie-Varianten ein gutes Beispiel dafür, dass man Getreideflocken zum Frühstück auch sehr gut trinken kann. Besonders erfrischend werden die Smoothies übrigens, wenn man gefrorene Bananenstücke nimmt.

GRÜNER FRÜHSTÜCKS-SMOOTHIE

Für 1 Glas à 400 ml

30 g Getreideflocken (z. B. Haferflocken)

175 ml Wasser

1 kleine Banane

1–2 Handvoll Blattgemüse (z. B. Spinat, Kohl, Salat, Blattgrün von Möhren, Kohlrabi, Radieschen oder Roter Bete)

1 EL Joghurt

1 EL Leinöl

Die Getreideflocken 5 Minuten in dem Wasser einweichen. Die Banane schälen und in grobe Stücke schneiden. Blattgemüse verlesen, waschen und gut abtropfen lassen. Getreideflocken mit dem Wasser und den übrigen Zutaten im Mixer zu einem cremigen Smoothie pürieren.

VEGANE VARIANTE

★ Der Smoothie schmeckt auch mit rohköstlichem Mandelmus statt Joghurt sehr gut.

WISSENSWERTES

★ Leinöl und Leinsamen gehören zu den pflanzlichen Nahrungsmitteln, die reich an Omega-3-Fettsäuren sind. Deswegen landet bei uns auch oft ein Löffel davon im Frühstück.

GRÜNE SMOOTHIE-BOWL

laktosefrei • vegan

Für 1 Portion

1 EL Leinsamen

30 g Getreideflocken (z. B. Haferflocken)

1 Handvoll Früchte

1 Banane

1–2 Handvoll Blattgemüse (z. B. Spinat, Kohl, Salat, Blattgrün von Möhren, Kohlrabi, Radieschen oder Roter Bete)

1 EL rohköstliches Mandelmus

1–2 EL Chia-Samen

100 ml Wasser

1 | Leinsamen und Getreideflocken in einer Pfanne ohne Fett anrösten, bis sie leicht Farbe annehmen. Einen Teil der gerösteten Flocken für das Topping beiseitestellen. Früchte waschen, putzen und in mundgerechte Stücke schneiden.

2 | Die Banane schälen und in grobe Stücke schneiden. Blattgemüse verlesen, waschen und gut abtropfen lassen. Banane, Gemüse, Mandelmus und Chia-Samen zusammen mit dem Wasser im Mixer zu einem cremigen Smoothie pürieren.

3 | Geröstete Flocken in eine Schale geben, Smoothie darübergießen und mit den übrigen Flocken und Früchten garnieren.

BUCHWEIZEN-BANANEN-PANCAKES

Diese Pancakes gehören zu unseren Wochenend-Highlights. Uns gefällt die Kombination aus Buchweizen und gehackten Haselnüssen sogar so gut, dass wir die Pancakes auch ganz ohne Früchte genießen.

glutenfrei • laktosefrei

Für 8 Pancakes

80 g Haselnüsse

100 g Buchweizen-Vollkornmehl

1 TL Weinsteinbackpulver

1 Prise Salz

1 reife Banane

150 ml Pflanzenmilch

1 großer Apfel (200 g)

Butter zum Ausbacken

Zimt

flüssiger Honig

1 Haselnüsse grob hacken. 50 g gehackte Nüsse, Buchweizenmehl, Backpulver und Salz in einer Schüssel mischen.

2 Banane schälen und zusammen mit der Pflanzenmilch in einem Mixbehälter cremig pürieren. Die Masse unter die Mehlmischung rühren und den Teig einige Minuten quellen lassen.

3 Den Apfel achteln und längs in feine Scheiben schneiden.

4 Die Butter portionsweise in einer großen Pfanne erhitzen. Pro Pancake einen großzügigen Esslöffel Teig in die Pfanne setzen, gleichmäßig mit Apfelscheiben belegen und bei mittlerer Temperatur vorsichtig von beiden Seiten circa 2–3 Minuten ausbacken.

5 Die restlichen Haselnüsse in einer kleinen Pfanne ohne Fett bei mittlerer Temperatur anrösten, dann etwas Honig darübergeben.

6 Die Pancakes mit den karamellisierten Haselnüssen, Zimt und Honig beträufelt servieren.

SAISONALE VARIANTE

★ Je nach Saison den Apfel durch Blaubeeren oder auch Pflaumen ersetzen.

VEGANE VARIANTE

★ Ersetzen Sie die Butter durch Kokosöl und den Honig durch Ahornsirup.

KÜCHEN-TIPPS

★ Statt Pflanzenmilch verwenden wir oft eine Mischung aus 2 TL hellem Mandelmus und 150 ml Wasser.

★ Will man die Pancakes nicht sofort servieren, kann man sie im vorgeheizten Backofen bei 120 °C (100 °C Umluft) warmhalten.

PFIRSICH-KIRSCH-CLAFOUTIS

Bei Clafoutis handelt es sich um eine französische Süßspeise mit Obst, die man sich als eine Mischung aus Auflauf und Kuchen vorstellen kann. Ganz klassisch wird ein Clafoutis mit Kirschen zubereitet, es eignet sich aber auch jedes andere Obst, sodass man sie prima saisonal variieren kann.

glutenfrei

Für 2 Portionen bzw. für 1 kleine Auflaufform (22 × 14 cm)

125 g Süßkirschen

125 g Pfirsiche

2 Eier

40 g Honig

75 ml Milch

25 g Mandeln

75 g Reismehl

1 TL Weinsteinbackpulver

1 Prise Salz

1 Prise gemahlene Bourbon-Vanille

Butter für die Form

Kokosmehl und Zimt zum Bestäuben (nach Geschmack)

1 Kirschen und Pfirsiche waschen und entsteinen. Kirschen halbieren, Pfirsiche in Spalten schneiden. Den Backofen auf 180 °C (Umluft 160 °C) vorheizen.

2 Eier, Honig und Milch schaumig rühren. Die Mandeln fein mahlen und mit Mehl, Backpulver, Salz und Vanille unter die schaumig geschlagene Masse rühren.

3 Die Auflaufform gut einfetten, die Teigmischung einfüllen und die Kirschen und Pfirsichspalten darauf verteilen.

4 Clafoutis 35 Minuten auf mittlerer Schiene backen und nach Geschmack vor dem Servieren mit Kokosmehl und Zimt bestreuen.

KÜCHEN-TIPPS

★ Statt Reismehl zu kaufen, kann man dieses auch aus Vollkornreis selber mahlen. Wir verwenden dazu meistens Rundkornreis, der manchmal auch als Naturreis bezeichnet wird.

★ Besonders gut schmeckt uns Clafoutis noch lauwarm zusammen mit Honigsahne. Für diese schlagen wir 200 g Sahne mit 1 EL flüssigem Honig und etwas gemahlener Vanille steif.

SAISONALE VARIANTEN

★ **Im Frühling:** 250 g Rhabarber putzen, waschen, in Scheiben schneiden und diese auf dem Teig verteilen.

★ **Im Herbst:** 250 g Pflaumen waschen, halbieren, entkernen und mit der Schnittfläche nach unten auf den Teig legen.

★ **Im Winter:** 250 g Äpfel waschen, achteln und das Kerngehäuse rausschneiden. Äpfel auf dem Teig verteilen.

EINKORN-SCONES MIT CHIA-ERDBEERMARMELADE

Für einen gefühlten Kurzurlaub an einem schönen Nachmittag ist diese Variation des englischen Tee-Klassikers perfekt. Dazu gibt es dann noch selbstgemachte Clotted Cream, für die man einfach Sahne leicht buttrig schlägt und die Flüssigkeit abseiht.

EINKORN-SCONES

Ergibt 6–7 Scones

200 g Einkorn-Vollkornmehl

50 g Emmer-Vollkornmehl

1 ½ EL Weinsteinbackpulver

1 EL Honig

1 Ei

1 Prise Salz

60 g weiche Butter + Butter zum Einfetten

125 g Naturjoghurt

Mehl zum Bestäuben

1 | Den Backofen auf 190 °C (Umluft 170 °C) vorheizen. Beide Mehlsorten, Backpulver, Honig, Ei und Salz verrühren. Butter und Joghurt dazugeben, alles kurz verkneten.

2 | Ein Backblech einfetten oder mit Backpapier auslegen. Den Teig auf der gut bemehlten Arbeitsfläche ca. 2,5 cm dick ausrollen bzw. flach drücken. 6 cm große Kreise ausstechen, auf das Blech legen und ca. 15 Minuten auf mittlerer Schiene backen.

GETREIDE-ALTERNATIVEN

★ Statt mit Einkorn kann man die Scones auch sehr gut mit Dinkel oder Weizen zubereiten.

CHIA-ERDBEER-MARMELADE

laktosefrei • glutenfrei

Für 1 Glas à 250 ml

200 g frische Erdbeeren (alternativ: TK-Früchte)

15 g Chia-Samen

1 EL Honig

1 | Die Erdbeeren waschen, putzen und pürieren. Chia-Samen und Honig unterrühren.

2 | Die Mischung in ein Glas füllen, dieses verschließen und dann die Marmelade mindestens 1 Stunde (besser über Nacht) im Kühlschrank quellen lassen. Die Chia-Erdbeermarmelade innerhalb weniger Tage verbrauchen.

VEGANE VARIANTE

★ Ersetzen Sie den Honig durch Ahorn- oder Reissirup.

SAISONALE VARIANTEN

★ Mit Himbeeren oder Brombeeren schmeckt diese Marmelade auch sehr lecker. Grundsätzlich kann man jedes Obst verwenden, das sich pürieren lässt.

ROGGEN-DINKEL-BRÖTCHEN MIT MÜSLI

Diese Brötchen, die ganz unkompliziert zu backen sind, gibt es bei uns nicht nur zum Frühstück. Ihren leicht herzhaften Geschmack verdanken sie dem Roggen. Gleichzeitig sorgt der Joghurt für eine lockere Konsistenz.

Für 8 Brötchen

30 g Sesam

30 g Leinsamen

20 g Sonnenblumenkerne

100 g Roggen-Vollkornmehl

250 g Dinkel-Vollkornmehl

50 g zarte Haferflocken (alternativ: Hafer, geschrotet)

1 EL Weinsteinbackpulver

1 TL Salz

300 g Joghurt

1 Ei

Vollkornmehl zum Bestäuben

1　Den Backofen auf 190 °C (Umluft 170 °C) vorheizen. Sesam, Leinsamen und Sonnenblumenkerne vermischen. 1–2 EL der Körnermischung beiseitestellen.

2　Beide Mehlsorten, Haferflocken, Backpulver, die Körnermischung und Salz in einer Schüssel vermischen. Joghurt und das Ei in einer zweiten Schüssel schaumig rühren. Die Masse unter die Mehlmischung rühren und mit den Händen kurz verkneten.

3　Den Teig in 8 Stücke zerteilen, jedes zu einem 2,5 cm dicken Brötchen formen, auf ein mit Backpapier belegtes Backblech legen und die Oberseite sternenförmig ca. 0,5 cm tief einschneiden. Mit Wasser bepinseln, mit der restlichen Körnermischung bestreuen und mit etwas Mehl bestäuben. Die Brötchen auf mittlerer Schiene ca. 20–25 Minuten backen. Lauwarm oder kalt servieren.

GETREIDE-ALTERNATIVE

★ Sie können den Dinkel auch durch Weizen ersetzen.

WISSENSWERTES

★ Bei diesem Rezept sorgt der Dinkel für die Backfähigkeit. Alleine ist Roggen nicht backfähig (siehe auch Seite 24).

KÄSE-BRÖTCHEN

★ Für Käse-Brötchen die Körnermischung durch 150 g grob geriebenen Käse (z. B. Emmentaler oder Gouda) ersetzen.

GRÜNKERN-KRÄUTERBUTTER

Bei diesem Brotaufstrich sorgt der Grünkern für eine leicht rauchige Note. Die Kräuter wählen wir meist nach Lust und Laune. Zu unseren Favoriten gehören dabei Schnittlauch und Petersilie oder einfach nur Bärlauch.

Für 1 Glas à 250 ml

1 Zwiebel (ca. 70 g)

1 Handvoll Kräuter (ca. 20 g)

160 ml Wasser

45 g Grünkernmehl

45 g Butter

½ TL Kräutersalz

schwarzer Pfeffer, frisch gemahlen

1 | Zwiebel schälen und fein hacken. Kräuter kalt abbrausen, trocken schütteln, die Blättchen abzupfen und fein hacken.

2 | Wasser in einem kleinen Topf zum Kochen bringen und den Grünkern nach und nach unter Rühren dazugeben. Herdplatte ausschalten und die gehackte Zwiebel unterrühren. Alles bei geschlossenem Deckel 15 Minuten quellen lassen.

3 | Die Kräuter und die Butter unter die lauwarme Masse heben und mit Kräutersalz und Pfeffer abschmecken. Den Aufstrich in ein verschließbares Glas füllen und etwas abkühlen lassen.

VEGANE VARIANTE

★ Ersetzen Sie die Butter durch Kokosöl.

KÜCHEN-TIPPS

★ Die Kräuter und auch deren Menge kann man ganz nach Geschmack variieren.

★ Falls sich beim Einrühren des Grünkerns Klümpchen bilden, kann man diese mit einem großen Löffel am Topfboden oder -rand zerdrücken.

WISSENSWERTES

★ Der Aufstrich hält sich im Kühlschrank mindestens 3 Tage.

HERZHAFTER PORRIDGE MIT KÄSE UND PAPRIKA

Diese Porridge-Variante ist der Beweis, dass Porridge nicht immer süß sein muss und dass ein herzhaftes Frühstück nicht immer aus Wurstbrötchen besteht.

Für 2 Portionen

2 Eier

1 Zwiebel (70 g)

100 g rote Paprika

2 Zweige Thymian

20 g Emmentaler am Stück

450 ml Gemüsebrühe

80 g kernige Haferflocken (alternativ: Hafer, grob geschrotet)

1–2 EL Olivenöl

Salz

schwarzer Pfeffer, frisch gemahlen

1 | Die Eier in kochendem Wasser 8 Minuten garen.

2 | Zwiebel schälen und Paprika putzen. Beides fein würfeln. Thymian kalt abbrausen, trocken schütteln und die Blättchen abzupfen. Käse grob reiben.

3 | Die Gemüsebrühe und den Hafer in einem kleinen Topf zum Kochen bringen und 7–8 Minuten köcheln lassen. Topf vom Herd nehmen und den Porridge 5 Minuten quellen lassen.

4 | Olivenöl in einer Pfanne erhitzen, Zwiebel und Paprika darin ca. 5 Minuten andünsten und anschließend unter den Porridge mischen.

5 | Mit Salz und Pfeffer abschmecken. Eier schälen, aufschneiden und auf dem Porridge platzieren. Mit Käse und Thymianblättchen bestreuen und servieren.

VEGANE VARIANTE

★ Lassen Sie die Eier und den Käse weg. Stattdessen können Sie den Porridge mit kross in Öl angebratenen Würfeln aus Räuchertofu servieren.

SAISONALE VARIANTEN

★ Auch lecker wird es, wenn Sie die Paprika durch Champignons, Zucchini oder Aubergine ersetzen.

LEICHTE
MAHLZEITEN &
SNACKS

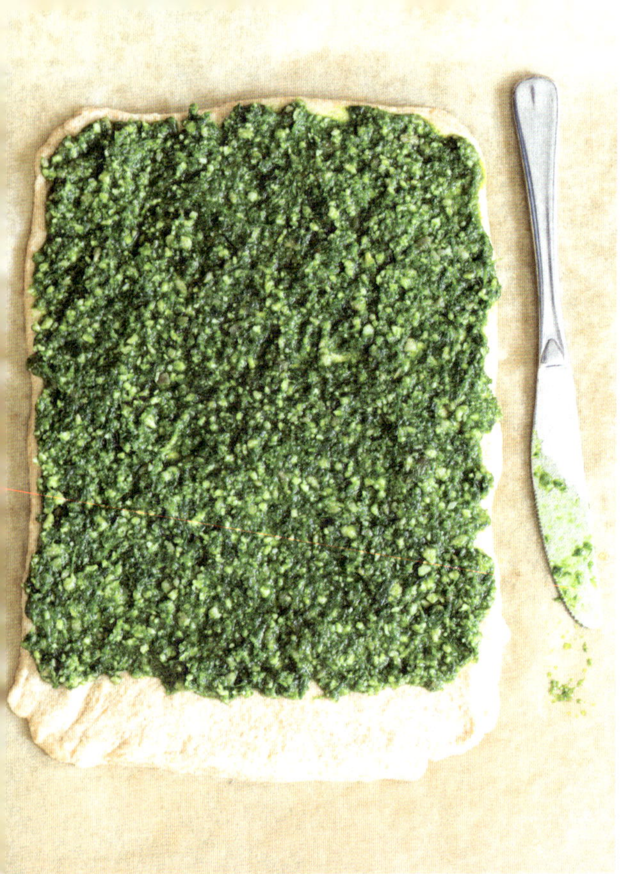
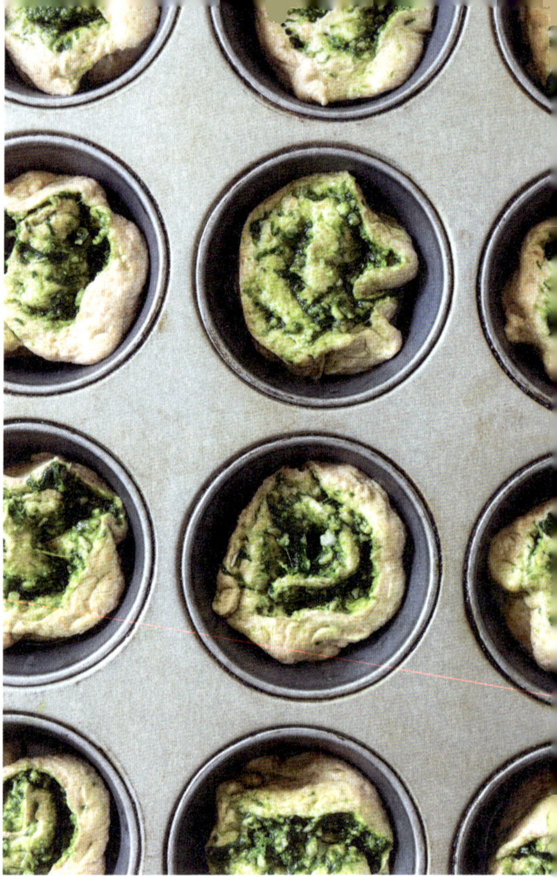
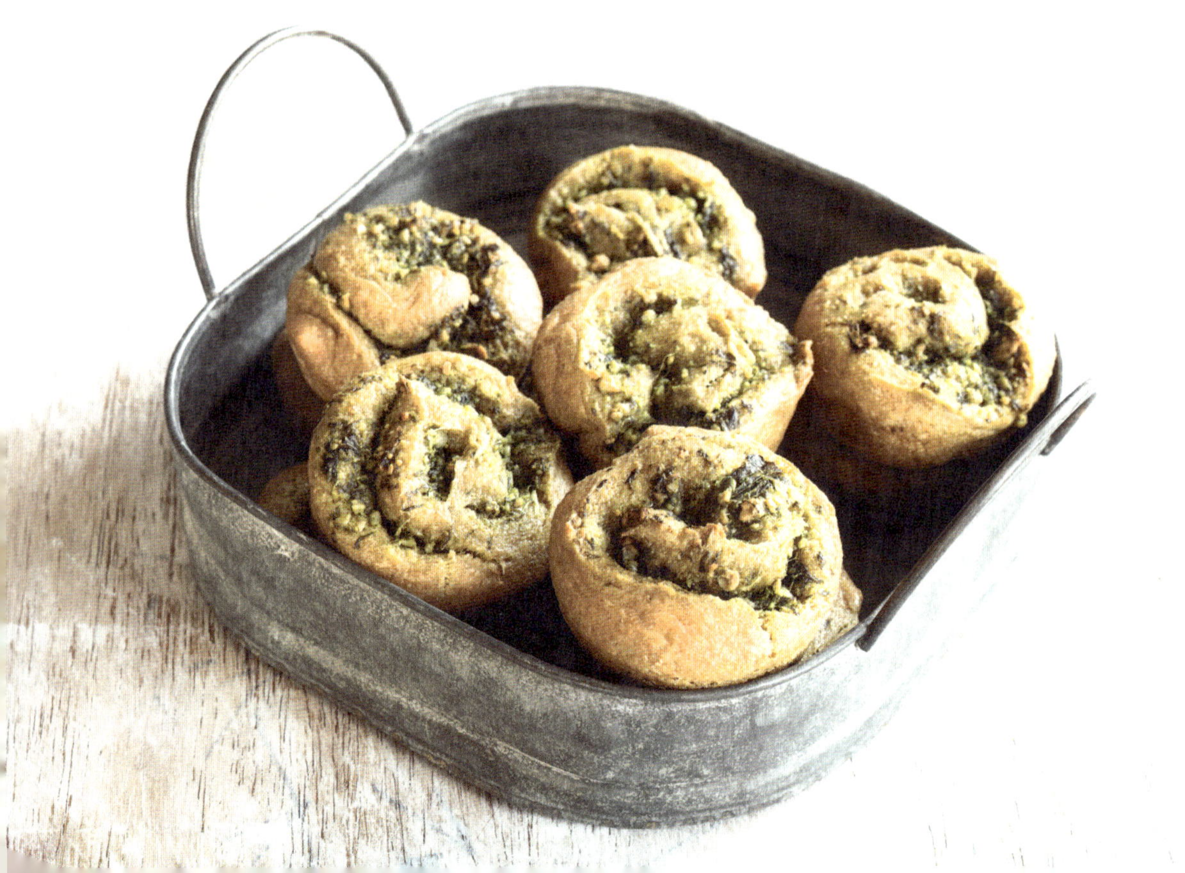

BÄRLAUCH-PIZZABRÖTCHEN

Damit wir nicht mehr ständig auf unseren Pizza-Lieferservice angewiesen sind, nur weil wir Appetit auf dessen Pizzabrötchen haben, haben wir nun unser eigenes Rezept für gefüllte Pizzabrötchen, die zudem noch vollwertig sind.

laktosefrei · vegan

Für 12 Brötchen

1 Portion Basis-Brotteig
(Seite 50)

40 g Sonnenblumenkerne

50 g Bärlauch

1 Knoblauchzehe

70 ml Olivenöl

Salz

schwarzer Pfeffer,
frisch gemahlen

GETREIDE-
ALTERNATIVEN

★ Die Pizzabrötchen lassen sich besonders gut mit Dinkel, Weizen oder Einkorn zubereiten.

SAISONALE VARIANTEN

★ Je nach Saison ersetzen wir den Bärlauch durch andere Kräuter, wie z. B. Petersilie, Basilikum, gemischte Wildkräuter oder Rucola.

★ Auch mit jedem anderen selbstgemachten Pesto schmecken die Brötchen sehr gut. Wie wäre es z. B. mit einem Tomatenpesto?

1 | Den Teig zubereiten wie auf Seite 50 beschrieben.

2 | Sonnenblumenkerne in einer kleinen Pfanne ohne Fett goldbraun anrösten. Bärlauch waschen und trockentupfen, die Stiele abschneiden und die Blätter fein hacken. Knoblauch schälen und fein hacken.

3 | Sonnenblumenkerne, Bärlauch, Knoblauch und Olivenöl in einen Mixer oder Mörser geben und zu einem Pesto mixen. Mit Salz und Pfeffer abschmecken.

4 | Den Backofen auf 70 °C (Umluft 50 °C) vorheizen.

5 | Den Teig kurz kneten, zu einem Rechteck in der Größe 24 cm × 18 cm ausrollen und mit dem Pesto bestreichen. Dabei an der kurzen Seite einen Streifen von 3 cm Breite aussparen und mit Wasser bepinseln. Den Teig an der kurzen Seite aufrollen, mit einem scharfen Messer in 12 gleich große Stücke schneiden und diese in eine Muffinform setzen.

6 | Den Backofen ausschalten. Die Muffinform mit den Teiglingen in die Mitte des Backofens schieben und die Brötchen 20 Minuten gehen lassen. Dann die Temperatur auf 220 °C (Umluft 200 °C) erhöhen und die Brötchen 15–20 Minuten backen, bis sie leicht gebräunt sind.

7 | Die Brötchen 10 Minuten in der Form abkühlen lassen. Anschließend noch warm genießen oder auf einem Gitter vollständig abkühlen lassen.

GEFÜLLTE SPINATBÄLLCHEN MIT TOMATENSOSSE

Dieser lecker gefüllte Snack macht sowohl als kleine Mahlzeit als auch als Party-Fingerfood eine prima Figur.

Ergibt 10–12 Bällchen

Spinatbällchen:

175 g Einkorn-Schrot

50 g Maisgrieß (Polenta)

150 ml kochendes Wasser

¼ Bund glatte Petersilie

50 g Feta

75 g frischer Spinat

½ kleine Zwiebel (30 g)

1 Knoblauchzehe

1 EL Olivenöl

Salz

schwarzer Pfeffer, frisch gemahlen

1 Ei

50 g Einkorn-Vollkornmehl

1 TL getrockneter Oregano

Öl zum Braten

Tomatensoße:

1 kleine Zwiebel (50 g)

1 EL Olivenöl

1 EL Tomatenmark

100 ml Gemüsebrühe

100 g Sahne

Salz

schwarzer Pfeffer, frisch gemahlen

1 Für die Bällchen Schrot und Maisgrieß in einer Schüssel mischen. Mit dem kochenden Wasser übergießen und 30 Minuten quellen lassen, dabei ab und zu umrühren. Ggf. noch so viel Wasser zufügen, bis die Masse feucht und knetfähig ist. Abkühlen lassen.

2 Die Petersilie kalt abbrausen, trocken schütteln, die Blättchen abzupfen und fein hacken.

3 Für die Füllung Feta in Schüssel mit Gabel fein zerbröseln. Den Spinat verlesen, dicke Stiele entfernen, waschen und gut abtropfen lassen. Zwiebel und Knoblauch schälen und fein hacken. Olivenöl in mittlerem Topf erwärmen. Zwiebel darin 2–3 Minuten andünsten. Knoblauch und Spinat zugeben und unter Rühren zusammenfallen lassen. Spinat in Sieb abgießen, gut ausdrücken, fein hacken und mit Feta mischen. Mit Salz und Pfeffer abschmecken.

4 Für die Tomatensoße Zwiebel schälen und sehr fein würfeln. Öl in kleinem Topf erhitzen. Zwiebel darin 2–3 Minuten andünsten. Tomatenmark, Gemüsebrühe und Sahne zugeben. Aufkochen und ca. 10–15 Minuten sprudelnd einkochen lassen. Mit Salz und Pfeffer kräftig abschmecken. Auf ausgeschalteter Herdplatte im geschlossenen Topf ziehen lassen.

5 Unter die abgekühlte Schrot-Grieß-Mischung Ei, Mehl, 1 TL Salz, Oregano und die gehackte Petersilie kneten. Je 1 gehäuften EL Teig in die angefeuchtete Hand geben, zu einer kleinen Schale formen, 1 TL Füllung hineingeben, dann möglichst fest zusammendrücken. Ca. 12 Bällchen formen. Das Öl in einer großen Pfanne erhitzen und die Bällchen darin vorsichtig von allen Seiten goldgelb anbraten. Die Spinatbällchen zusammen mit der Tomatensoße servieren.

GETREIDE-ALTERNATIVEN

★ Statt Einkorn können Sie auch Weizen oder Dinkel verwenden.

SAISONALE VARIANTEN

★ Sehr lecker schmecken die Spinatbällchen auch mit einer Füllung aus Mangold oder Grünkohl.

KÜCHEN-TIPPS

★ Alternativ können Sie die Bällchen auch im Ofen backen. Dazu die Bällchen auf ein Backblech geben, mit Olivenöl einpinseln und bei 200 °C (180 °C Umluft) 20 Minuten backen.

★ Wenn Ihnen der Geschmack von Feta zu salzig ist, können Sie ihn abmildern, indem Sie ihn vor der Verwendung 5–10 Minuten in kaltes Wasser legen.

★ Die Tomatensoße lässt sich auch sehr gut mit anderen Gerichten kombinieren. Oft genießen wir sie auch einfach mit Pasta, wobei wir dann meist die doppelte Menge an Tomatensoße zubereiten.

AMARANTH-TALER
MIT ROTER BETE UND SESAM-DIP

Diese Taler sorgen nicht nur für einen Farbtupfer auf dem Teller, sie sind auch eine schöne Alternative zu den üblichen, meist glutenhaltigen, Bratlingen. Aufgrund des recht zurückhaltenden Geschmacks des Amaranths kommt außerdem das angenehme süßliche Aroma der Roten Bete wunderbar zur Geltung.

glutenfrei • laktosefrei

Ergibt 12–14 Taler

Taler:

100 g Amaranth

250 ml Gemüsebrühe

200 g Rote Bete

100 g Kartoffeln

Salz

1 Zwiebel (60 g)

1 Knoblauchzehe

1 Ei

2–4 EL Maisgrieß (Polenta)

schwarzer Pfeffer, frisch gemahlen

3 EL Öl zum Braten

Sesam-Dip:

1 Knoblauchzehe

100 g Tahini (Sesampaste)

100 g Joghurt

1 TL Limettensaft

1 EL Olivenöl

Salz

½ TL gemahlener Koriander

1 Amaranth und Gemüsebrühe in einem Topf aufkochen. Hitze reduzieren und 20–25 Minuten bei geschlossenem Deckel köcheln lassen. Dann den Amaranth 10 Minuten ausquellen lassen, ggf. abgießen und abkühlen lassen.

2 Rote Bete und Kartoffeln schälen, grob raspeln, in einem Sieb mit 1 TL Salz vermischen und 15 Minuten Wasser ziehen lassen. Anschließend gut ausdrücken. Zwiebel und Knoblauch schälen und fein würfeln.

3 Für den Dip Knoblauch schälen und sehr fein hacken oder pressen. Tahini, Knoblauch, Joghurt, Limettensaft und Olivenöl vermischen und mit Salz und Koriander würzen.

4 Abgekühlten Amaranth, Rote Bete, Kartoffeln, Zwiebel, Knoblauch und das Ei in einer Schüssel gut mischen. 2 EL Maisgrieß zugeben und alles kräftig kneten. Falls die Masse noch zu flüssig ist, mehr Maisgrieß zugeben. Mit Salz und Pfeffer abschmecken. Aus der Masse 1,5 cm dicke Taler mit ca. 4 cm Durchmesser formen.

5 Öl portionsweise in großer Pfanne erhitzen, nach und nach die Taler von jeder Seite ca. 5 Minuten goldbraun braten.

GETREIDE-ALTERNATIVE

★ Statt Amaranth können Sie auch Hirse verwenden. Dazu 75 g Hirse mit 260 ml Gemüsebrühe 10–15 Minuten köcheln lassen.

SAISONALE VARIANTEN

★ Die Rote Bete kann man auch sehr gut durch anderes Wurzelgemüse wie Pastinaken, Möhren oder Petersilienwurzel ersetzen.

MINI-HIRSE-TORTILLAS

Für diese Tortilla-Snacks stand die spanische "Tortilla de patatas" Pate. Allerdings haben wir die Kartoffeln durch Hirse ersetzt und statt einer großen Tortilla gibt es bei uns viele kleine, sodass sich jeder nach Herzenslust bedienen kann.

Ergibt 12 Stück

60 g Hirse

200 ml Wasser

1 Zwiebel (70 g)

140 g Möhren

40 g Parmesan

3 Eier

30 g Dinkel-Vollkornmehl

1 TL Oregano

1 TL Salz

1 TL schwarzer Pfeffer, frisch gemahlen

Olivenöl für die Form

1 | Hirse in feinem Sieb heiß abspülen und abtropfen lassen. Hirse mit dem Wasser aufkochen und 10–15 Minuten zugedeckt köcheln lassen. Anschließend 10 Minuten ohne Hitze ausquellen lassen.

2 | Den Backofen auf 200 °C (Umluft 180 °C) vorheizen.

3 | Die Zwiebel schälen und grob würfeln. Möhren putzen und grob reiben. Parmesan reiben. Zwiebel, Möhren und Eier mit einem Stabmixer oder in einer Küchenmaschine weiter zerkleinern und schaumig rühren. Dann Mehl, Parmesan, gegarte Hirse und Oregano unterrühren. Mit Salz und Pfeffer würzen.

4 | Eine Muffinform gut mit dem Öl einpinseln. Dann in jede Ausbuchtung 1 leicht gehäuften EL Teig geben und diesen glatt streichen. Die Mini-Tortillas ungefähr 20 Minuten auf mittlerer Schiene backen.

SAISONALE VARIANTEN

★ Statt Möhren können Sie die Mini-Tortillas auch mit Zucchini oder Paprika zubereiten.

WISSENSWERTES

★ Hirse sollte vor der Verwendung stets heiß gewaschen werden, um mögliche Rückstände vom Schälprozess zu entfernen, die bei Hirse auftreten können.

ROSENKOHL-CANIHUA-MUFFINS

Diese Muffins sind ein leckeres Beispiel dafür, dass man gekochtes Canihua auch zum Backen verwenden kann. Sie gehören bei uns zum Brunch genauso dazu wie aufs Partybüfett.

Für 12 Muffins

50 g Canihua

400 ml Wasser

150 g Rosenkohl

150 g Kartoffeln

½ Würfel frische Hefe

300 g Dinkel-Vollkornmehl

1 ½ EL Weinsteinbackpulver

200 ml Olivenöl

1 TL Salz

schwarzer Pfeffer, frisch gemahlen

30 g Parmesan

Papierförmchen oder Butter für die Form

1 | Canihua mit 200 ml Wasser aufkochen und ca. 10–15 Minuten zugedeckt bei niedriger Hitze unter gelegentlichem Rühren köcheln lassen. Überschüssiges Wasser abgießen. Dann 10 Minuten ohne Hitze ausquellen lassen.

2 | Rosenkohl putzen, waschen und der Länge nach vierteln. Kartoffeln schälen und in 2 cm große Würfel schneiden. Kartoffeln in ausreichend Salzwasser 15 Minuten kochen. Rosenkohl zugeben und weitere 5 Minuten kochen. Wasser abgießen. Gemüse etwas abkühlen lassen und mit einem Pürierstab oder Mixer pürieren, sodass vereinzelt noch einige Rosenkohlblätter übrigbleiben.

3 | Backofen auf 190 °C (Umluft 170 °C) vorheizen. Muffinform einfetten oder Papierförmchen hineinsetzen.

4 | Die Hefe in 200 ml lauwarmem Wasser auflösen. Mehl, Backpulver, Olivenöl, Salz, Canihua und Gemüse zugeben und zu einem Teig kneten. Mit Pfeffer abschmecken.

5 | Parmesan reiben. Den Teig in die Muffinform einfüllen, mit dem Käse bestreuen und ca. 20 Minuten auf mittlerer Schiene backen. Die Muffins noch 5 Minuten in der Form ruhen lassen. Anschließend herausnehmen. Noch warm servieren oder auf einem Kuchengitter abkühlen lassen.

GETREIDE-ALTERNATIVEN

★ Canihua können Sie durch Quinoa ersetzen. In dem Fall brauchen Sie auch nur 150 ml Wasser zum Garen.

★ Statt Dinkel- können Sie auch Weizen-Vollkornmehl verwenden.

VEGANE VARIANTE

★ Lassen Sie den Parmesan weg, verwenden Sie Öl statt Butter.

SAISONALE VARIANTEN

★ Den Rosenkohl können Sie auch durch Kürbis ersetzen, den Sie 2 cm groß würfeln und mit den Kartoffeln in Salzwasser kochen.

★ Für Zucchini-Muffins brauchen Sie einfach nur geraspelte Zucchini statt Rosenkohl und Kartoffeln unter den Teig rühren.

GEMÜSE IM TEIGMANTEL MIT CHIA-MANGO-CHUTNEY

Würden wir das Gemüse in einem Teig aus Kichererbsen ausbacken, könnte man diese köstlichen Snacks auch als Pakoras bezeichnen. Wir haben uns allerdings für einen Teig aus Weizen und Buchweizen entschieden. Und auch bei dem Mangochutney sind wir neue Wege gegangen. Denn mit Chia kann man nicht nur sehr gut rohköstliche Marmelade zubereiten, sondern auch rohköstliche Chutneys.

GEMÜSE IM TEIGMANTEL

laktosefrei • vegan

Für 2 Personen

100 g Weizen-Vollkornmehl

50 g Buchweizen-Vollkornmehl

1 TL Salz

1 TL Kurkuma

1 TL Garam Masala

200 ml kaltes Wasser

schwarzer Pfeffer, frisch gemahlen

300 g Gemüse (z. B. Aubergine, Zucchini und Kräuterseitlinge)

Öl zum Braten

1 | Die beiden Mehlsorten in eine Schüssel geben und zusammen mit Salz, den Gewürzen und dem Wasser zu einem zähflüssigen Teig verrühren. Mit Pfeffer würzen. Den Teig ca. 15 Minuten quellen lassen.

2 | Gemüse waschen, in ca. 5 mm dicke Scheiben schneiden und nacheinander im Teig wenden.

3 | Das Öl portionsweise in einer großen Pfanne erhitzen. Die Gemüsescheiben darin von beiden Seiten je ca. 3–4 Minuten goldbraun anbraten und nach dem Herausnehmen kurz auf Küchenpapier abtropfen lassen. Das Gemüse zusammen mit dem Chia-Mango-Chutney servieren.

GETREIDE-ALTERNATIVE

★ Das Weizen-Vollkornmehl können Sie auch durch Dinkel-Vollkornmehl ersetzen.

KÜCHEN-TIPP

★ Wenn Sie eine neutrale Panade wünschen, können Sie den Teig auch nur mit ½ TL Salz und 1 Messerspitze Kurkuma würzen. Sehr gut passt dann ein Kräuterquark zu dem ausgebackenen Gemüse.

CHIA-MANGO-CHUTNEY

*glutenfrei * laktosefrei * vegan*

Für 1 Glas à 250 ml

1 reife Mango (500 g)

1 rote Chilischote

20 g Chia-Samen

1 EL Reissirup

Salz

1 TL Koriander, gemahlen

1 TL Kreuzkümmel (Cumin), gemahlen

¼ TL Zimt, gemahlen

Muskatnuss, frisch gerieben

1 | Die Mango schälen, entkernen und ein Drittel des Fruchtfleischs in kleine Stückchen schneiden. Restliche Mango pürieren und mit den Stückchen vermengen.

2 | Chilischote waschen, den Stielansatz und die Kerne entfernen. Die Schote in feine Stücke schneiden und mit der Mango vermengen.

3 | Chia-Samen und Reissirup unterrühren, mit Salz und Gewürzen abschmecken und mindestens 10 Minuten im Kühlschrank quellen lassen. Das Chutney innerhalb weniger Tage verbrauchen.

KÜCHEN-TIPP

★ Wenn das Chutney nicht vegan sein muss, können Sie den Reissirup auch durch Honig ersetzen.

KOREANISCHE GEMÜSE-PFANNKUCHEN MIT SOJADIP

Wir haben eine Schwäche für asiatische Snacks. Sushi, Wan Tans, Frühlingsrollen – wir essen sie alle gern. Gleiches gilt für diese kleinen Gemüse-Pfannkuchen, die ebenfalls einen asiatischen Einschlag haben.

laktosefrei

Für 12 kleine Pfannkuchen

Dip:

1 EL Sesam

1 Knoblauchzehe

6 EL Tamari-Sojasoße

2 EL Mirin

1 TL Honig

Pfannkuchen:

110 g Zucchini

80 g Pak Choi

75 g Lauchzwiebeln

125 g Dinkel-Vollkornmehl

1 EL Weinstein-Backpulver

2 Eier

150 ml Wasser

1 EL Mirin

1 Prise Salz

½ TL Sambal Oelek

Sesamöl zum Braten

1 | Für den Dip Sesam in einer kleinen Pfanne ohne Fett bei mittlerer Temperatur goldbraun rösten und auf einem Teller abkühlen lassen. Knoblauch schälen. Sojasoße, Sesam, Mirin und Honig verrühren. Knoblauch dazu pressen.

2 | Für die Pfannkuchen Zucchini waschen und grob raspeln. Pak Choi putzen, waschen, Stiele und Blätter quer in 3 mm breite Streifen schneiden. Lauchzwiebeln putzen, waschen und in feine Ringe schneiden. Ein Drittel der Lauchzwiebelringe für die Garnitur beiseitestellen.

3 | Mehl, Backpulver, Eier, Wasser, Mirin und Salz zu einem glatten Teig verrühren. Das Gemüse unter den Teig rühren und mit Sambal Oelek würzen.

4 | Das Öl portionsweise in einer großen Pfanne erhitzen. Pro Pfannkuchen 1 großzügigen Esslöffel Teig in die Pfanne setzen, bei mittlerer Temperatur von beiden Seiten 2–3 Minuten goldbraun braten und nach dem Herausnehmen auf Küchenpapier kurz abtropfen lassen.

5 | Die Pfannkuchen heiß oder lauwarm mit dem Dip und Lauchzwiebelringen servieren.

GETREIDE-ALTERNATIVE

★ Ersetzen Sie den Dinkel durch Weizen oder Buchweizen.

GLUTENFREIE VARIANTE

★ Verwenden Sie Buchweizen und achten Sie bei der Wahl von Sojasoße und Mirin auf glutenfreie Sorten.

ROGGEN-STECKRÜBEN-PUFFER

Es müssen nicht immer Kartoffelpuffer mit Apfelmus sein, auch wenn wir diese ebenfalls sehr lecker finden. Bei diesem Snack besteht die Basis für die Puffer aus Roggen und Steckrüben und dazu gibt es einen frischen Apfel-Joghurt-Dip.

Ergibt ca. 16 Puffer

Puffer:

150 g Roggenschrot

375 ml Gemüsebrühe

140 g Steckrübe

140 g Kartoffeln

1 kleine Zwiebel (40 g)

½ Bund glatte Petersilie

2 Eier

35 g Dinkel-Vollkornmehl

Salz

schwarzer Pfeffer, frisch gemahlen

5 EL Öl zum Braten

Dip:

150 g Joghurt

3 EL Schmand

1 Apfel (140 g)

Salz

schwarzer Pfeffer, frisch gemahlen

1 TL Honig

1 | Für die Puffer das Roggenschrot in einem kleinen Topf ohne Fett anrösten, bis es anfängt zu duften. Unter Rühren Gemüsebrühe angießen, aufkochen und auf ausgeschalteter Herdplatte im geschlossenen Topf 20 Minuten quellen.

2 | Steckrübe und Kartoffeln schälen, raspeln und in eine Schüssel geben. Zwiebel schälen und fein hacken. Petersilie kalt abbrausen, trocken schütteln, Blättchen abzupfen und fein hacken. Beides zusammen mit den Eiern, dem Mehl, dem gequollenen Roggenbrei und der Petersilie unter die Puffermasse rühren. Kräftig salzen und pfeffern und alles gut vermengen.

3 | Für den Dip Joghurt und Schmand glatt rühren. Den Apfel waschen, vierteln, Kerngehäuse entfernen, grob raspeln und unterrühren. Mit Salz, Pfeffer und Honig abschmecken.

4 | Das Öl portionsweise in einer großen Pfanne erhitzen. Je ca. 1 EL Puffermasse in die Pfanne setzen und flach drücken. Auf jeder Seite ca. 4 Minuten goldbraun braten. Puffer zusammen mit dem Dip servieren.

GETREIDE-ALTERNATIVE

★ Probieren Sie die Puffer auch mal mit Gerste statt mit Roggen.

KÜCHEN-TIPP

★ Die Puffer können Sie bis zum Servieren im vorgeheizten Backofen bei 120 °C (100 °C Umluft) warm halten.

SAISONALE VARIANTEN

★ Die Steckrübe kann man auch sehr gut durch Möhren oder Pastinaken ersetzen. Auch die Kombination mit Zucchini statt Steckrübe und Tomaten für den Dip anstelle des Apfels schmeckt sehr gut.

SAATEN-CRACKER

Das Schöne bei selbstgemachten Knabbereien ist, dass man Fantasie und Geschmack freien Lauf lassen kann. Von dieser Variante waren auch schon viele Gäste begeistert. Sehr gut passt zu den Crackern übrigens ein Joghurt- oder Quark-Dip.

glutenfrei

Für ein Backblech

30 g Parmesan

90 g Hirse

130 g Buchweizen-Vollkornmehl

60 g Sesam

1–2 TL getrocknete Kräuter der Provence

1 TL Salz

1 EL Olivenöl

300 ml Wasser

1 | Den Parmesan reiben. Die Hirse in einem feinen Sieb heiß abspülen und abtropfen lassen. Den Backofen auf 180 °C (Umluft 160 °C) vorheizen.

2 | Buchweizen, Hirse, 40 g Sesam, Parmesan, Kräuter und Salz in einer Schüssel vermischen. Olivenöl und Wasser hinzugeben, alles miteinander verrühren und den Teig 15 Minuten quellen lassen.

3 | Den fast flüssigen Teig auf ein mit Backpapier belegtes Backblech möglichst dünn verteilen und glatt streichen.

4 | Den Teig mit dem restlichen Sesam bestreuen. Das Backblech in die Mitte des Backofens geben und den Teig für 10 Minuten backen. Dann herausnehmen und mit einem Messer oder Teigschneider die gewünschten Formen in den Teig schneiden.

5 | Backblech zurück in den Backofen geben und die Cracker ca. 30 Minuten weiter backen. Dann die Temperatur auf 140 °C (Umluft 120 °C) reduzieren und die Cracker weitere 30 Minuten backen, damit die Restfeuchtigkeit entweichen kann.

6 | Cracker auf einem Gitter auskühlen lassen und anschließend am besten in einer Blechdose aufbewahren, damit sie schön knusprig bleiben.

VARIANTEN

★ Die Saaten-Cracker schmecken auch lecker mit anderen Gewürzmischungen wie z. B. italienische Kräuter.

★ Satt Sesam und Hirse können Sie auch andere Körner und Saaten verwenden wie z. B. Hanfsamen und Leinsamen.

TOMATEN-AMARANTH-DIP MIT FLADENBROT

Wir machen unsere Dips gerne selbst. So wissen wir, was drin ist und auch der Aufwand hält sich in Grenzen. Zu unseren Favoriten gehört dabei ganz klar dieser Tomaten-Amaranth-Dip – zusammen mit Fladenbrot oder als Begleiter zu Bratlingen ein Genuss.

TOMATEN-AMARANTH-DIP

glutenfrei • laktosefrei • vegan

Für 1 Glas à 250 ml

40 g Berglinsen

40 g Amaranth

1 Knoblauchzehe

4 getrocknete Tomaten

1 EL Tomatenmark

½ TL Pul Biber oder Paprikapulver, rosenscharf

1 EL Olivenöl

Salz

schwarzer Pfeffer, frisch gemahlen

1 | Linsen in Sieb kalt abspülen. Zusammen mit dem Amaranth in einem Topf mit reichlich Wasser 30 Minuten kochen.

2 | Inzwischen Knoblauch schälen, fein hacken. Getrocknete Tomaten klein schneiden.

3 | Die Amaranth-Linsen-Mischung abgießen und gut abtropfen lassen. Knoblauch, Tomaten, Tomatenmark, Pul Biber und Olivenöl dazugeben. Alles im Mixer oder mit einem Stabmixer pürieren. Falls der Dip zu fest ist, kann man nach Geschmack noch etwas mehr Öl hinzugeben. Dip mit Salz und Pfeffer abschmecken, in ein Glas füllen und etwas abkühlen lassen.

FLADENBROT

laktosefrei • vegan

Für 2 Fladenbrote

1 Portion Basis-Brotteig (Seite 50)

3–4 EL Olivenöl

1 EL Sesam

1 | Teig zubereiten wie auf Seite 50 beschrieben. Backofen auf 70 °C (Umluft 70 °C) vorheizen. Den Teig halbieren und mit den Händen zu etwa 2 cm dicken Fladen formen. Mit Olivenöl bestreichen, Sesam darüberstreuen. Backofen ausschalten.

2 | Teig auf ein mit Backpapier ausgelegtes Backblech legen. Mit in Olivenöl getauchten Fingerspitzen das typische Gittermuster in die Fladenbrote drücken. Mit dem restlichen Olivenöl die Brote bestreichen. Backblech sowie eine feuerfeste Schale mit Wasser in den Backofen schieben. Brote 20 Minuten gehen lassen. Dann die Temperatur auf 220 °C (Umluft 200 °C) erhöhen und die Brote 20 Minuten backen.

WISSENSWERTES

★ Der Dip hält sich im Kühlschrank mindestens 3 Tage.

GEMÜSE-SCHNITTEN

Die Gemüse-Schnitten sind eine schöne Alternative zu Pizza, die jedes Partybüfett bereichern. Man kann sie warm aber auch kalt servieren.

Für ca. 12 Stücke bzw. 1 Blech

250 g Rundkorn-Vollkornreis (Naturreis)

625 ml Wasser

Salz

150 g Dinkel-Vollkornmehl

1 EL Weinstein-Backpulver

3 Eier

200 ml Milch

50 ml Olivenöl

225 g Champignons

225 g Brokkoli

150 g rote Paprika

1 mittelgroße Zwiebel (100 g)

200 g Emmentaler

3 TL getrocknete italienische Kräuter

¼ TL Cayennepfeffer

1 TL Kreuzkümmel (Cumin), gemahlen

1 | Reis zweimal waschen, mit dem Wasser in einen Topf geben und 20 Minuten einweichen. Anschließend aufkochen und bei geschlossenem Topf und niedriger Temperatur 30–35 Minuten köcheln lassen. Sollte die Flüssigkeit schon vorher von den Körnern aufgesogen sein, noch etwas Wasser hinzufügen. Überschüssiges Wasser nach Ende der Garzeit abgießen. Reis salzen und abkühlen lassen.

2 | Mehl, 1 TL Salz und Backpulver in großer Schüssel vermischen. Eier, Milch und Olivenöl zugeben. Alles glatt rühren.

3 | Den Backofen auf 200 °C (Umluft 180 °C) vorheizen. Brokkoli putzen, in sehr kleine Röschen zerteilen, dicke Stiele schälen und in 0,5 cm große Würfel schneiden. Champignons putzen, mit einem feuchten Tuch säubern, trockene Stielenden abschneiden, halbieren und in Scheiben schneiden. Paprika waschen, putzen und in 1 cm große Stücke schneiden. Zwiebel schälen und fein hacken. Käse grob reiben. Reis, Gemüse, Kräuter, Käse und Gewürze unter die Teigmasse mengen.

4 | Die Masse auf ein gefettetes oder mit Backpapier belegtes Blech geben, glatt streichen und ca. 40 Minuten auf der mittleren Schiene goldbraun backen. Dann in 12 Stücke schneiden und warm oder kalt servieren.

KÜCHEN-TIPP

★ Die Reismasse vor dem Backen zusätzlich mit 50–100 g geriebenem Emmentaler bestreuen.

GETREIDE-ALTERNATIVEN

★ Statt Reis können Sie auch Quinoa verwenden. Quinoa heiß abspülen. Ohne vorheriges Einweichen 10–15 Minuten köcheln lassen.

★ Das Dinkel-Vollkornmehl kann problemlos auch durch Weizen-Vollkornmehl ersetzt werden.

REISPAPIERROLLEN MIT SPROSSEN UND ERDNUSSDIP

Nachdem eine Hälfte von uns in Vietnam Reispapierrollen kennengelernt hatte, war klar, dass es auch in diesem Buch ein Rezept für diese kleinen Köstlichkeiten geben sollte. Entschieden haben wir uns für eine Füllung aus Avocado, Sprossen und Gemüse. Wobei das Tolle bei diesen Rollen ist, dass man die Füllung immer wieder aufs Neue variieren kann.

laktosefrei • vegan

Für 8 Rollen

Dip:

1 Knoblauchzehe

2 EL Erdnussöl

125 ml Gemüsebrühe

125 ml Kokosmilch

2 EL Erdnussmus

1–2 EL Tamari-Sojasoße

Füllung:

1 reife Avocado

1–2 Knoblauchzehen

Salz

schwarzer Pfeffer, frisch gemahlen

½ Bund Minze

½ Bund Koriandergrün

100 g Möhren

100 g Salatgurke

8 Reispapierblätter (16 cm Durchmesser)

1 Handvoll Blattsalat

50 g Sprossen

1 | Für den Dip Knoblauch schälen und fein hacken. Erdnussöl in einem kleinen Topf erwärmen und den Knoblauch darin andünsten. Mit Gemüsebrühe und Kokosmilch ablöschen und die Soße aufkochen lassen. Erdnussmus einrühren, mit Sojasoße abschmecken. Alles 3–4 Minuten köcheln lassen und anschließend abkühlen lassen.

2 | Avocado längs halbieren, den Kern entfernen. Fruchtfleisch mit einem Löffel auskratzen, in eine kleine Schüssel geben und mit einer Gabel zerdrücken. Knoblauch schälen, fein hacken und dazugeben. Mit Salz und Pfeffer abschmecken.

3 | Minze und Koriander kalt abspülen, trocken schütteln, Blätter abzupfen und grob hacken. Möhren und Gurke waschen, putzen und in feine, ca. 7 cm lange Streifen schneiden.

4 | Lauwarmes Wasser in eine flache Schale füllen. Reispapierblätter einzeln nacheinander so lange hineinlegen, bis sie weich und formbar sind. Auf einem feuchten Küchentuch auslegen. Jeweils etwas Salat, Möhren, Gurke, Kräuter und Sprossen auf dem unteren Drittel eines Blattes verteilen. Dann den Avocadodip daraufgeben. Den unteren Teil des Reispapiers fest über die Füllung klappen, die Seiten darüber einschlagen und das Papier straff nach oben zu einer festen Rolle aufrollen. Auf diese Weise das restliche Reispapier und die Füllung verarbeiten. Mit Dip servieren.

GETREIDE-ALTERNATIVEN

★ Statt mit Sprossen können Sie die Rollen auch mit Ihrem gekochten Lieblingskorn füllen.

GEMÜSE-CHOWDER MIT WILDREIS

Ein typisches kanadisches und auch nordamerikanisches Gericht ist Chowder. Hierbei handelte es sich ursprünglich um eine dickflüssige Suppe mit Fisch, Muscheln oder anderen Meeresfrüchten. Inzwischen gibt es aber auch vegetarische Chowder-Varianten, die nur Gemüse enthalten. Und da auch Wildreis typisch kanadisch ist, haben wir einfach beide Zutaten kombiniert.

Für 2 Portionen

100 g Wildreis

650 ml Wasser

Salz

1 Lorbeerblatt

1 Zwiebel (70 g)

140 g Zuckermaiskörner

50 g Staudensellerie

100 g Kartoffeln

1 EL Olivenöl

1 EL Vollkornmehl
(z. B. Dinkel)

190 ml Milch

60 g Sahne

½ TL geräuchertes
Paprikapulver (alternativ:
Paprikapulver rosenscharf)

schwarzer Pfeffer,
frisch gemahlen

1 | Den Reis zweimal waschen und in einem Topf mit dem Wasser, 1 Prise Salz und dem Lorbeerblatt zum Kochen bringen. Bei niedriger Temperatur mit aufgelegtem Deckel ca. 50 Minuten köcheln, bis der Reis weich ist. Reis nicht abgießen.

2 | Zwiebel schälen und fein hacken. Maiskörner waschen. Sellerie waschen, putzen und grob hacken. Kartoffeln schälen, waschen und grob raspeln. Wasser in einem Topf zum Kochen bringen und den Mais darin 1 Minute garen, bis er weich ist. Mais mit Schaumlöffel herausheben und beiseitestellen.

3 | Olivenöl in einem großen Topf bei mittlerer Temperatur erhitzen. Zwiebel darin 2–3 Minuten dünsten. Kartoffeln, Sellerie und Mais hinzufügen und 8–10 Minuten weiterdünsten, bis das Gemüse weich ist.

4 | Das Gemüse mit Mehl bestäuben und unterrühren. Reis samt Garwasser, die Milch und die Sahne zugeben. Die Suppe zum Kochen bringen. Sollte sie zu dick werden, noch etwas Wasser zugeben.

5 | Kräftig mit Paprikapulver, Salz und Pfeffer abschmecken und heiß servieren.

SAISONALE VARIANTE

★ Den Mais und die Kartoffeln können Sie auch durch gehackte Champignons und Paprika ersetzen.

113

STAUDENSELLERIE-HAFER-CREMESUPPE

Ob Frühling, Herbst oder Winter – diese Suppe hat bei uns das ganze Jahr über Saison, auch weil man sie mit fast jedem Gemüse zubereiten kann.

Für 2–3 Portionen

450 g Staudensellerie

150 g Kartoffeln

50 g Schalotten

1 EL Butter

1 TL Honig

60 g kernige Haferflocken (alternativ: Hafer, grob geschrotet)

100 ml trockener Weißwein

500 ml Gemüsebrühe

200 g Sahne

Salz

schwarzer Pfeffer, frisch gemahlen

1 | Sellerie waschen, putzen und 1 cm groß würfeln. Etwas Grün für das Topping beiseitestellen. Kartoffeln schälen und ca. 1 cm groß würfeln. Schalotten schälen und fein würfeln.

2 | Gemüse, Kartoffeln und Schalotten in Butter andünsten. Honig und Haferflocken dazugeben. Dann mit Weißwein ablöschen. Mit Gemüsebrühe und Sahne auffüllen und aufkochen. Suppe bei geschlossenem Deckel ca. 20 Minuten köcheln lassen.

3 | Die Suppe cremig pürieren und mit Salz und Pfeffer abschmecken. Mit Selleriegrün garniert servieren.

VEGANE VARIANTE

★ Ersetzen Sie die Sahne durch pflanzliche Sahne, die Butter durch Öl und den Honig durch Reissirup.

KÜCHEN-TIPP

★ Den Weißwein können Sie auch durch Gemüsebrühe ersetzen.

SAISONALE VARIANTEN

★ Im Frühling nehmen wir anstatt Staudensellerie auch gerne Spargel, während im Winter unser Favorit Schwarzwurzeln sind. Diese kann man am besten zunächst unter fließendem kalten Wasser großzügig schälen und in Zitronenwasser geben, bevor man sie in ca. 1 cm dicke Scheiben schneidet.

★ Sehr lecker schmeckt die Suppe außerdem mit Möhren. Wer mag, kann diese auch mit etwas Curry würzen und mit Petersilie garniert servieren.

ORIENTALISCHER SALAT MIT ZIEGENKÄSE UND GERSTE

Dieser leckere orientalisch angehauchte Salat ist unsere Hommage an den Ursprung der Gerste. Bei der Wahl der Zutaten haben wir darauf geachtet, dass das Ergebnis möglichst frisch, würzig und knackig wird mit einer angenehm abrundenden Süße.

Für 2 Portionen

100 g Gerste

400 ml Wasser

2 Handvoll Blattsalat

100 g Radieschen

120 g gelbe Kirschtomaten

1 kleine Möhre (40 g)

110 g Kalamata-Oliven

1 Feige

3 EL Olivenöl

1 EL Balsamico-Essig

1 TL Honig

2 TL Senf

Salz

schwarzer Pfeffer, frisch gemahlen

150 g Ziegenfrischkäse

30 g gesalzene Erdnüsse

1 Die Gerste in einen Topf mit dem Wasser geben und aufkochen. Bei geschlossenem Deckel 45 Minuten köcheln lassen. Dann Gerste 10–15 Minuten ausquellen lassen, überschüssiges Wasser abgießen und abkühlen lassen.

2 Salat in Blätter zerteilen, waschen, abtropfen lassen, putzen und in mundgerechte Stücke zerpflücken. Radieschen waschen, putzen und in dünne Scheiben schneiden. Tomaten waschen und vierteln. Möhre waschen, putzen und grob reiben. Oliven entsteinen.

3 Für das Dressing das Fruchtfleisch der Feige mit einem Löffel herausschälen und mit einer Gabel zerdrücken. Fruchtfleisch mit Olivenöl, Essig, Honig und Senf verrühren, mit Salz und Pfeffer abschmecken. Salat auf zwei Teller oder Schüsseln verteilen und mit der Gerste, Tomaten, Radieschen und Oliven anrichten. Dressing darübergeben.

4 Als Topping Ziegenfrischkäse zerbröseln und mit Erdnüssen und geriebener Möhre über den Salat verteilen. Mit Salz und Pfeffer abschmecken und servieren.

GLUTENFREIE VARIANTE

★ Soll der Salat glutenfrei sein, können Sie die Gerste auch durch gekochte Quinoa ersetzen. Dazu 100 g gewaschene Quinoa mit 250 ml Wasser aufkochen, bei geschlossenem Deckel 10–15 Minuten köcheln lassen.

VEGANE VARIANTE

★ Honig durch Reissirup ersetzen und Ziegenfrischkäse weglassen.

ZUCCHINI-PAPRIKA-SALAT MIT BUCHWEIZEN

Ein frischer, knackiger Sommer-Salat mit einem charmanten, leicht süßlichen Dressing.

glutenfrei • laktosefrei

Für 4 Portionen

100 g Buchweizen

250 ml Wasser

Salz

300 g Zucchini

260 g gelbe Paprika

230 g rote Zwiebeln

2 Knoblauchzehen

1 Bund Basilikum

Öl zum Anbraten

schwarzer Pfeffer, frisch gemahlen

6 EL Balsamico-Essig

1 ½ EL Honig

2 EL Olivenöl

1 | Den Buchweizen mit warmem Wasser gründlich abspülen, in einen Topf mit Wasser geben und aufkochen. Bei geschlossenem Deckel 15 Minuten köcheln lassen. Überschüssiges Wasser abgießen, salzen und abkühlen lassen.

2 | Die Zucchini und Paprika waschen, putzen und in 1–2 cm große Stücke schneiden. Zwiebeln und Knoblauch schälen. Die Zwiebeln 1 cm groß würfeln, Knoblauch fein hacken. Basilikum kalt abbrausen, trocken schütteln, Blättchen abzupfen und grob hacken. Das Öl in einer Pfanne erhitzen und Zucchini, Paprika, Zwiebeln und Knoblauch darin 5–7 Minuten anbraten, salzen und pfeffern.

3 | Balsamico-Essig und Honig in einem Topf erhitzen und bei mittlerer bis hoher Temperatur 2–3 Minuten reduzieren. Buchweizen dazugeben und unterrühren.

4 | Gemüse und Buchweizen vermischen und mit Salz, Pfeffer und Olivenöl abschmecken. Basilikum unterheben und den Salat lauwarm oder kalt servieren.

GETREIDE-ALTERNATIVE

★ Sie können den Buchweizen auch durch Hirse ersetzen. Dazu 75 g Hirse heiß abspülen und mit 260 ml Wasser etwa 10–15 Minuten köcheln lassen.

WISSENSWERTES

★ Buchweizen sollte vor dem Kochen gründlich mit warmem Wasser abgespült werden, da er zu starker Schleimbildung neigt. Außerdem werden so noch mögliche Rückstände vom Schälprozess entfernt.

VEGANE VARIANTE

★ Einfach Honig durch Reissirup ersetzen.

SÜSSKARTOFFEL-SALAT MIT WILDREIS UND MANDELDRESSING

Die Idee zu diesem Salat kam uns, als wir in unserer Gemüsekiste, die wir wöchentlich geliefert bekommen, Süßkartoffeln vorfanden. Kombiniert mit Wildreis, Feldsalat und getrockneten Tomaten sind sie ein leckerer Beweis dafür, dass Salat auch im Winter schmeckt. Für den leicht exotischen Touch sorgt das Mandeldressing.

glutenfrei • laktosefrei

Für 2 Portionen

Salat:

100 g Wildreis

250 g Süßkartoffeln

1½ EL Olivenöl

Salz

schwarzer Pfeffer, frisch gemahlen

1 EL Sesam

1 rote Zwiebel (ca. 60 g)

70 g getrocknete Tomaten

70 g Feldsalat

2 Stängel glatte Petersilie

Dressing:

6 EL Olivenöl

1 EL Zitronensaft

1 TL Mandelmus

1 TL Honig

Salz

schwarzer Pfeffer, frisch gemahlen

1 | Wildreis nach Packungsanleitung garen, ggf. überschüssiges Wasser abgießen und etwas abkühlen lassen.

2 | Die Süßkartoffeln schälen und in ca. 1,5 cm große Würfel schneiden. Öl in einer Pfanne erhitzen. Süßkartoffeln darin ca. 7 Minuten anbraten, salzen und pfeffern. Anschließend noch 3–5 Minuten zugedeckt auf der ausgeschalteten Herdplatte ziehen lassen.

3 | Sesam in einer kleinen Pfanne ohne Fett bei mittlerer Temperatur goldbraun rösten und auf einem Teller abkühlen lassen. Zwiebel schälen, halbieren und in feine Scheiben schneiden. Getrocknete Tomaten fein hacken. Feldsalat putzen, waschen und gut abtropfen lassen. Petersilie kalt abbrausen, trocken schütteln und die Blättchen abzupfen.

4 | Für das Dressing Olivenöl mit Zitronensaft, Mandelmus und Honig verrühren. Mit Salz und Pfeffer abschmecken.

5 | Den Feldsalat auf zwei Teller oder Schüsseln verteilen und mit den Süßkartoffeln, dem Wildreis, Zwiebel und Tomaten anrichten. Das Dressing darübergeben und den Salat mit Sesam und Petersilie garniert servieren.

VEGANE VARIANTE

★ Ersetzen Sie den Honig durch Ahornsirup.

GETREIDE-ALTERNATIVEN

★ Der Salat schmeckt auch mit Vollkornreis oder Gerste sehr gut.

HAUPTGERICHTE

PILZPFANNE MIT HIRSE

Dieses Gericht hat fast schon die Anmutung eines Risottos. Aufgrund der in Gemüsebrühe gegarten Hirse wird es manchmal auch als Hirsotto bezeichnet. Es ist einfach zuzubereiten, und lässt sich zudem je nach verwendetem Gemüse immer wieder abwandeln.

glutenfrei · laktosefrei · vegan

Für 2 Portionen

100 g Hirse

300 ml Gemüsebrühe

2 Zwiebeln (140 g)

100 g Möhren

150 g Champignons

1–2 EL Olivenöl

1 EL Tomatenmark

Salz

schwarzer Pfeffer, frisch gemahlen

4 Stängel glatte Petersilie für die Garnitur

1 | Die Hirse in feinem Sieb heiß abspülen und abtropfen lassen. Hirse in einen kleinen Topf geben, mit 250 ml Gemüsebrühe auffüllen, aufkochen und ca. 8–10 Minuten zugedeckt bei niedriger Hitze einkochen lassen. Anschließend 20 Minuten ohne Hitze ausquellen lassen.

2 | Zwiebeln schälen und Möhren putzen. Beides fein würfeln. Champignons putzen und fein schneiden.

3 | Olivenöl in einer Pfanne erhitzen. Zwiebeln und Möhren darin ca. 5 Minuten andünsten. Tomatenmark und Champignons dazugeben, mit restlicher Gemüsebrühe auffüllen und alles ca. 10 Minuten bei niedriger Hitze garen.

4 | Die Hirse mit dem Gemüse vermischen, mit Salz und Pfeffer abschmecken und mit grob gehackter Petersilie garnieren.

SAISONALE VARIANTEN

★ Sehr gut schmecken auch Zucchini, Paprika und Zwiebeln zu der Hirse.

★ Auch in feine Streifen geschnittenen Weißkohl mit Möhren und Zwiebeln können wir empfehlen.

★ Und im Winter ersetzen wir die Möhren und Champignons auch gerne durch Steckrübe.

EMMER-KÜRBIS-RAVIOLI MIT SALBEIBUTTER

Dies ist der schmackhafte Beweis dafür, dass man auch Ravioli sehr gut selbst machen kann. Mit ihrer leckeren Kürbisfüllung und der selbstgemachten Salbeibutter sind sie eine echte Gaumenfreude. Und für das i-Tüpfelchen sorgt in dem Fall noch das Emmermehl, das wir für den Nudelteig verwendet haben.

braucht etwas Zeit

Für 3 Portionen

Ravioli:

1 Portion Nudelteig (Seite 56)

½ TL Kurkuma

400 g Hokkaido-Kürbis

1 kleine Zwiebel (40 g)

30 g Parmesan

1 EL Olivenöl

1 Prise Muskatnuss, frisch gerieben

1–2 TL getrockneter Thymian

Salz

schwarzer Pfeffer, frisch gemahlen

Salbeibutter:

6 große Salbeiblätter

50 g Butter

1 | Den Nudelteig mit Emmer-Vollkornmehl zubereiten wie auf Seite 56 beschrieben. Dabei den Kurkuma unterkneten.

2 | Kürbis waschen, halbieren, putzen, faseriges Gewebe und Kerne entfernen und 2 cm groß würfeln. Zwiebel schälen und fein würfeln. Parmesan fein reiben. Öl in einem kleinen Topf erhitzen und die Zwiebel darin 2–3 Minuten andünsten. Kürbisstücke dazugeben und mit wenig Wasser im geschlossenen Topf ca. 15 Minuten gar kochen. Abgießen und gut abtropfen lassen. Mit einem Kartoffelstampfer oder einer Gabel fein zerdrücken und etwas abkühlen lassen. Parmesan unterrühren und mit Muskatnuss, Thymian, Salz und Pfeffer kräftig würzen.

3 | Den Nudelteig auf bemehlter Fläche dünn ausrollen und Kreise mit ca. 5 cm Durchmesser ausstechen. Kreise an den Rändern etwas anfeuchten. In die Mitte jeweils 1 TL Füllung geben. Kreise zusammenklappen und die Ränder mit einer Gabel festdrücken.

4 | Ravioli in leicht kochendem Wasser 4–5 Minuten garen, abgießen und abtropfen lassen.

5 | Die Salbeiblätter kalt abbrausen, trocken tupfen und grob zerschneiden. Die Butter in einer Pfanne zerlassen. Salbeiblätter zugeben, kurz anbraten, Ravioli zugeben und in der Salbeibutter schwenken. Ravioli in tiefen Tellern anrichten.

OFEN-RISOTTO MIT SPITZKOHL

Sie mögen Risotto, wollen aber nicht unbedingt die ganze Zeit danebenstehen und rühren? Dann sollten Sie diese Ofenvariante ausprobieren. Denn hier muss man das Risotto nicht die ganze Zeit beaufsichtigen, da es im Ofen vor sich hin köchelt.

braucht etwas Zeit

Für 2 Portionen bzw. für 1 Auflaufform (27 × 20 cm)

160 g Rundkorn-Vollkornreis (Naturreis)

450 ml Gemüsebrühe

100 ml Weißwein

350 g Spitzkohl

1 mittelgroße Zwiebel (100 g)

1 Knoblauchzehe

60 g Parmesan

1 EL Olivenöl

1 EL Butter

Salz

schwarzer Pfeffer, frisch gemahlen

Butter für die Form

1 | Den Reis zweimal waschen und 1 Stunde in reichlich Wasser einweichen. Anschließend das Wasser abgießen. Backofen auf 180 °C (Umluft 160 °C) vorheizen.

2 | Eine kleine Auflaufform (27 × 20 cm) einfetten und den Reis hineingeben. Gemüsebrühe und Weißwein zugeben. Auflaufform mit Alufolie abdecken. Auf mittlerer Schiene ca. 1 Stunde garen, bis die Flüssigkeit verbraucht ist.

3 | Spitzkohl waschen, putzen, vierteln und in 4–5 mm breite Streifen schneiden. Zwiebel und Knoblauch schälen und fein hacken. Käse fein reiben.

4 | Olivenöl und Butter in einem Topf erwärmen. Zwiebel darin bei niedriger Temperatur 10 Minuten andünsten. Den Spitzkohl und Knoblauch zugeben und 1–2 Minuten mitdünsten.

5 | Nach Ende der Garzeit die Alufolie entfernen, dann den gedünsteten Spitzkohl unter den Reis mischen, mit Salz und Pfeffer abschmecken und mit dem geriebenen Käse bestreuen. Das Risotto weitere 10 Minuten auf mittlerer Schiene überbacken und sofort servieren.

SAISONALE VARIANTE

★ Den Spitzkohl durch 250 g Steckrübe ersetzen. Diese 1 cm groß würfeln und zusammen mit der Zwiebel andünsten.

KÜCHEN-TIPP

★ Das Risotto schmeckt auch lecker, wenn Sie den Weißwein durch Gemüsebrühe ersetzen.

FÜR EILIGE

★ Auf das Einweichen können Sie verzichten, wenn Sie geschälte und polierte Getreidekörner (z. B. Gerstengraupen, Perldinkel oder Perleinkorn) verwenden. Außerdem verkürzt sich die Garzeit im Backofen auf ca. 40 Minuten.

GERSTEN-RISOTTO MIT SCHWARZWURZELN

In der Variante mit Schwarzwurzeln ist dieses Risotto für uns perfektes Winter-Komfort-Food. Aber es lässt sich auch sehr gut saisonal variieren.

benötigt Vorbereitung

Für 2 Portionen

160 g Nacktgerste

1 Zwiebel (70 g)

1 Knoblauchzehe

1 EL Zitronensaft

200 g Schwarzwurzeln

1 EL Butter

2 EL Olivenöl

100 ml trockener Weißwein

600 ml Gemüsebrühe

50 g Parmesan (oder ein anderer würziger Hartkäse)

Salz

schwarzer Pfeffer, frisch gemahlen

1 EL Pinienkerne

2 Zweige Thymian

1 kleine Fenchelknolle

1   Am Vortag die Gerste in reichlich kaltem Wasser einweichen.

2   Einweichwasser wegschütten, die Gerste abspülen und beiseitestellen. Zwiebel und Knoblauch schälen und fein hacken. Eine Schüssel mit Wasser und Zitronensaft bereitstellen. Die Schwarzwurzeln unter fließendem kalten Wasser großzügig schälen, dritteln und sofort in das Zitronenwasser geben. Zwei Drittel der Schwarzwurzeln herausnehmen und in dünne Scheiben schneiden. Dicke Stangen vorher halbieren.

3   Butter und 1 EL Olivenöl in einem mittelgroßen Topf erwärmen. Zwiebel, Knoblauch und Schwarzwurzelscheiben darin ca. 5 Minuten leicht andünsten. Gerste zugeben und 1–2 Minuten mitdünsten. Mit Weißwein ablöschen. Nach und nach Gemüsebrühe zugeben und unter häufigem Rühren köcheln lassen, bis die Flüssigkeit aufgesogen ist. Nach 25–30 Minuten sollte das Getreide gar, aber noch bissfest sein. Falls die Brühe zu früh verbraucht ist, löffelweise heißes Wasser einrühren. 30 g Käse fein reiben, unters Risotto rühren und mit Salz und Pfeffer abschmecken.

4   Für die Garnitur die Pinienkerne in einer kleinen Pfanne ohne Fett goldbraun anrösten. Thymian kalt abbrausen, trocken schütteln und die Blättchen abzupfen. Fenchel putzen, vierteln und in feine Scheiben schneiden. Die restlichen Schwarzwurzeln längs in dünne Streifen schneiden. Das Gemüse in einer Pfanne im restlichen Olivenöl anbraten, bis der Fenchel bissfest ist. Leicht salzen. Restlichen Käse grob reiben.

5   Das Risotto mit Pinienkernen, Thymianblättchen, dem gebratenen Gemüse und Käse garnieren.

VEGANE VARIANTE

★ Ersetzen Sie die Butter durch Olivenöl und lassen Sie den Parmesan weg.

GETREIDE-ALTERNATIVEN

★ Das Risotto schmeckt auch mit Dinkel sehr gut.

SAISONALE VARIANTEN

★ Statt Schwarzwurzeln grünen Spargel verwenden. Diesen putzen, holzige Enden abschneiden und schräg in dünne Scheiben schneiden. Zwei Drittel zusammen mit dem Knoblauch zu der Zwiebel geben. Den restlichen Spargel zusammen mit dem Fenchel für die Garnitur anbraten.

★ Risotto mit Zucchini zubereiten. Dazu Zucchini putzen und zwei Drittel in Würfel schneiden. Die Zucchiniwürfel mit dem Knoblauch zu der Zwiebel geben. Die restlichen Zucchini in Scheiben schneiden und mit dem Fenchel für die Garnitur anbraten.

WISSENSWERTES

★ Durch das Einweichen des Getreides reduziert sich nicht nur die Kochzeit, sondern auch die Menge an Phytinsäure. Sehen Sie dazu auch Seite 19.

FÜR EILIGE

★ Wenn Sie geschälte und polierte Getreidekörner (z. B. Gerstengraupen, Perldinkel oder Perleinkorn) verwenden, entfällt das Einweichen.

GRÜNKERNKLOPSE KÖNIGSBERGER ART

Wir sind beide mit Königsberger Klopsen groß geworden und dem Geschmack treu geblieben. Inzwischen gibt es sie bei uns in einer vegetarischen Variante mit Grünkern, allerdings ohne Kapern. Das liegt einfach daran, weil die eine Hälfte von uns diese schon als Kind immer aussortiert hat.

Für 2 Portionen

150 g Grünkernschrot

520 ml Gemüsebrühe

60 g Schalotten

2 EL Butter

4 Stängel glatte Petersilie

1 TL Senf

1 Ei

Salz

schwarzer Pfeffer, frisch gemahlen

1 Prise Muskatnuss, frisch gerieben

500 g festkochende Kartoffeln

2 Nelken

1 Lorbeerblatt

100 g Sahne

1 TL Zitronensaft

1½ EL Grünkernmehl

2 Stängel glatte Petersilie für die Garnitur

1 Für die Klopse Grünkern im Topf ohne Fett anrösten, bis er anfängt zu duften. Unter Rühren mit dem Schneebesen 270 ml Gemüsebrühe zugeben, aufkochen und auf ausgeschalteter Herdplatte im geschlossenen Topf 15–20 Minuten ausquellen lassen.

2 Schalotten schälen und fein hacken. 1 EL Butter in einem kleinen Topf erwärmen. Die Hälfte der Schalotten darin 1–2 Minuten andünsten. Petersilie kalt abbrausen, trocken schütteln, Blättchen abzupfen, fein hacken und zugeben.

3 Grünkern mit Senf, Ei und den gedünsteten Schalotten in eine Schüssel geben. Die Masse sorgfältig mit Händen verkneten und mit Salz, Pfeffer und Muskat würzen. Mit befeuchteten Händen ca. 10 Klopse (Ø 4–5 cm) formen.

4 Kartoffeln schälen und in Salzwasser im geschlossenen Topf bei mittlerer Hitze 20 Minuten kochen. Inzwischen in einem großen, breiten Topf Salzwasser, Nelken und Lorbeerblatt zum Sieden bringen. Klopse vorsichtig hineingeben, ca. 10 Minuten bei niedriger Temperatur garen lassen.

5 Für die Soße die restliche Butter in einem kleinen Topf erwärmen und die restlichen Schalotten darin 1–2 Minuten andünsten. Portionsweise mit restlicher Gemüsebrühe ablöschen und immer wieder aufkochen lassen. Sahne, Zitronensaft und Muskat zugeben und mit Salz und Pfeffer abschmecken. Bei kleiner Hitze ca. 5 Minuten köcheln. Zum Andicken Grünkernmehl mit 3 EL kaltem Wasser anrühren, zur Soße geben und aufkochen lassen.

6 Klopse mit einer Schaumkelle herausnehmen und abtropfen lassen. Kartoffeln abgießen. Klopse mit Salzkartoffeln und Soße anrichten, mit grob gehackter Petersilie garnieren.

BIBIMBAP-BOWL MIT EINKORN

Dies ist eine vollwertige, vegetarische Abwandlung von Bibimbap, einem beliebten korea-
nischen Gericht, das meist in einer Schüssel serviert wird, wobei jede Zutat ihren eigenen
Platz bekommt. Erst zum Essen wird dann alles miteinander vermischt. Bibimbap bedeutet
eigentlich gemischter Reis. Das hielt uns aber nicht davon ab, bei unserer Variante den
Reis durch Einkorn zu ersetzen.

Für 2 Portionen

150 g Einkorn

200 ml Wasser

Salz

1 Lauchzwiebel

2 EL Sesam

5 EL Tamari-Sojasoße

1 ½ EL Sesamöl

1 TL Honig

Chilipulver

160 g Salatgurke

½ EL Reisessig

1 Knoblauchzehe

200 g Spinat

schwarzer Pfeffer,
frisch gemahlen

50 g Sprossen

180 g Möhren

120 g Shiitake-Pilze

Öl zum Braten

2 Eier

1 Das Einkorn mit dem Wasser in einen Topf geben, zum
Kochen bringen und im geschlossenen Topf bei niedriger
Temperatur 25–30 Minuten köcheln lassen, bis das Wasser
verdampft ist. Anschließend Einkorn im geschlossenen
Topf 10–15 Minuten ausquellen lassen, mit einer Gabel
auflockern und nach Geschmack salzen.

2 Den Sesam in einer trockenen Pfanne unter Rühren leicht
anrösten und beiseitestellen.

3 Für die Soße Lauchzwiebel putzen, waschen und in feine
Ringe schneiden. Mit 1 EL Sesam, 3 EL Sojasoße, 1 EL
Sesamöl, Honig und 1 Prise Chilipulver verrühren.

4 Gurke halbieren und die Kerne mit einem Teelöffel herauslösen. Dann die ausgehöhlten Gurkenhälften in Scheiben
schneiden, ½ TL Salz zugeben und 15 Minuten stehen
lassen. Gurkensaft abseihen. Gurken mit ½ EL Reisessig,
1 Prise Chilipulver und ½ EL Sojasoße marinieren.

5 Knoblauch schälen und fein hacken. Spinat waschen, in
mundgerechte Stücke zerteilen und für ca. 2 Minuten in
kochend heißem Wasser blanchieren. Für die Marinade
½ EL Sesamöl, 1 ½ EL Sojasoße und Knoblauch mit etwas
Salz und Pfeffer vermischen und über den Spinat geben.

6 Die Sprossen ca. 1 ½ Minuten in kochendem Wasser blanchieren. Möhren putzen und in 3 mm × 5 cm lange Stifte
schneiden. Pilze putzen, mit einem feuchten Tuch säubern,
trockene Stielenden abschneiden und Pilze in 3 mm dicke
Scheiben schneiden. Die Möhren und Pilze nacheinander
in einer Pfanne mit wenig Öl und Salz anbraten.

7 | Anschließend in einer Pfanne in ca. 1 EL Öl zwei Spiegeleier braten.

8 | Das Getreide auf zwei Schüsseln verteilen und rundherum das Gemüse anrichten. In der Mitte das Spiegelei platzieren. Mit dem restlichen Sesam bestreuen und zusammen mit der Soße servieren.

GETREIDE-ALTERNATIVEN

★ Bei diesem Rezept können Sie das Einkorn nicht nur durch Reis ersetzen, sondern auch durch jedes andere Lieblingskorn wie z. B. Hirse oder Quinoa.

MEDITERRANE DINKEL-SPÄTZLE-PFANNE

Dieses Gericht kann man schon fast als europäische Crossover-Küche bezeichnen, denn hier werden Spätzle aus Dinkel mit Feta und Oliven kombiniert.

Für 2 Portionen

Spätzle:

170 g Dinkel-Vollkornmehl

1 TL Salz

1 Ei

125 ml lauwarmes Wasser

Gemüse:

75 g Schalotten

1 Knoblauchzehe

150 g Möhren

100 g Feta

1 Bund Basilikum

1–2 EL Olivenöl

100 ml Gemüsebrühe

100 g Kalamata-Oliven

Salz

schwarzer Pfeffer, frisch gemahlen

1 Für die Spätzle Mehl in einer Schüssel mit dem Salz vermischen. Das Ei und das Wasser zugeben und verrühren. Den Teig 30 Minuten ruhen lassen und nochmals durchrühren.

2 Schalotten und Knoblauch schälen und fein würfeln. Möhren putzen und in 3 mm × 4 cm lange Stifte schneiden. Den Feta zerkrümeln. Basilikum kalt abbrausen, trocken schütteln, Blättchen abzupfen und grob hacken. Etwas Feta und Basilkum für die Garnitur beiseitestellen.

3 Das Olivenöl in einer Pfanne erhitzen. Schalotten darin ca. 4 Minuten andünsten. Knoblauch und Möhren dazugeben, mit Gemüsebrühe auffüllen und alles ca. 10 Minuten bei niedriger Hitze garen.

4 Für die Spätzle in einem großen Topf reichlich Salzwasser aufkochen. Teig mit dem Spätzlehobel oder mithilfe einer Spätzlepresse portionsweise ins kochende Wasser geben. Sobald die Spätzle im Topf nach oben steigen, mit einem Schaumlöffel herausnehmen und in einem Sieb abtropfen lassen.

5 Spätzle, Feta und Oliven mit dem Gemüse vermischen, Basilikum unterheben, mit Salz und Pfeffer abschmecken, mit Feta und Basilikum bestreuen und servieren.

GETREIDE-ALTERNATIVE

★ Auch mit Weizen lassen sich die Spätzle sehr gut zubereiten.

KÜCHEN-TIPP

★ Wir mögen besonders gerne Kalamata-Oliven aufgrund ihrer Saftigkeit und ihres herzhaften Aromas. Sie sind rotbraun bis schwarz gefärbt und ihre Schale ist etwas fester. Natürlich kann man für dieses Gericht auch andere Olivensorten nehmen.

ONE-POT-RATATOUILLE MIT QUINOA

One-Pot-Gerichte sind klasse. Man gibt alle Zutaten nacheinander in einen Topf und lässt diese vor sich hin köcheln, während man sich auf das Ergebnis freut. Kein Wunder, dass wir diese Ratatouille-One-Pot-Variante entwickeln mussten.

glutenfrei • laktosefrei •
vegan

Für 3 Portionen

1 kleine Aubergine (200 g)

1 mittelgroße Zwiebel
(100 g)

1 Knoblauchzehe

3 EL Olivenöl

200 ml Gemüsebrühe

125 g Quinoa

200 g Zucchini

200 g rote Paprika

300 g Tomaten

2–3 Zweige Thymian

1 Zweig Rosmarin

Salz

schwarzer Pfeffer,
frisch gemahlen

1 | Die Aubergine waschen, putzen und 1,5 cm groß würfeln. Zwiebel und Knoblauch schälen. Die Zwiebel 1 cm groß würfeln, Knoblauch fein hacken. Öl in einem großen Topf erhitzen. Auberginen zugeben und 3 Minuten anbraten. Die Zwiebel zugeben und 2 Minuten bei mittlerer Hitze anschwitzen. Knoblauch zugeben und mit Gemüsebrühe ablöschen.

2 | Quinoa in einem feinen Sieb heiß abspülen und abtropfen lassen. In die Brühe einrühren, aufkochen und im geschlossenen Topf bei niedriger Temperatur 10 Minuten köcheln lassen.

3 | Die Zucchini, Paprika und Tomaten waschen, putzen und 1,5 cm groß würfeln. Die Kräuter kalt abbrausen, trocken schütteln, Blättchen abzupfen und fein hacken. Gemüse, Kräuter und ½ TL Salz zur Quinoa geben, aufkochen und im geschlossenen Topf weitere 10 Minuten köcheln lassen. Falls die Brühe zu früh verbraucht ist, löffelweise heißes Wasser einrühren.

4 | Quinoa-Ratatouille mit Salz und Pfeffer abschmecken und servieren.

GETREIDE-ALTERNATIVE

★ Statt Quinoa können Sie auch Hirse verwenden. Da Hirse etwas mehr Flüssigkeit beim Kochen aufnimmt, einfach 300 ml Gemüsebrühe verwenden.

KÜCHEN-TIPP

★ Die One-Pot-Ratatouille schmeckt auch mit Feta, dann ist es natürlich nicht mehr vegan und laktosefrei. Hierzu 100 g Feta zerbröseln und das fertige Ratatouille damit bestreuen.

BUNTE GEMÜSEPFANNE MIT ROGGEN

Bei uns gab es früher eher selten Bohnen. Mit diesem Gericht hat sich das aber geändert. Die Mischung aus Gemüse und Roggen, der dem Ganzen eine zusätzliche kräftige Note verleiht, ist ganz nach unserem Geschmack.

benötigt Vorbereitung •
laktosefrei • vegan

Für 3 Portionen

100 g Roggen

300 ml Gemüsebrühe

200 g Buschbohnen

1 Zwiebel (80 g)

1 Knoblauchzehe

160 g rote Paprika

80 g Cocktailtomaten

140 g Zuckermaiskörner

2 EL Olivenöl

Salz

schwarzer Pfeffer, frisch gemahlen

½ Bund Dill für die Garnitur

1 | Am Vortag den Roggen in einer beschichteten Pfanne unter regelmäßigem Rütteln ohne Fett rösten, bis er deutlich dunkler geworden ist. Anschließend den Roggen in reichlich kaltem Wasser einweichen.

2 | Das Einweichwasser wegschütten, Roggen abspülen, in einem Topf mit der Gemüsebrühe aufkochen und zugedeckt 45 Minuten köcheln lassen. Falls die Brühe zu früh verbraucht ist, löffelweise heißes Wasser einrühren. Roggen ca. 30 Minuten nachquellen lassen.

3 | Die Bohnen waschen, putzen und in 3 cm lange Stücke schneiden. In Salzwasser ca. 10 Minuten garen. Zwiebel und Knoblauch schälen und fein hacken. Paprika waschen, putzen, vierteln, entkernen und quer in 0,7 cm breite Streifen schneiden. Tomaten waschen und vierteln. Mais abtropfen lassen.

4 | Das Olivenöl in einer Pfanne erhitzen. Zwiebel darin ca. 5 Minuten andünsten. Knoblauch und Paprika zugeben und 8 Minuten unter Rühren anbraten. Mais, Tomaten, Bohnen und Roggen zugeben und kurz miterhitzen.

5 | Mit Salz und Pfeffer würzen. Mit Dill bestreut servieren.

GEMÜSE-ALTERNATIVEN

★ Wer mag, kann die Buschbohnen durch Aubergine oder Zucchini ersetzen und diese zusammen mit der Paprika anbraten.

GETREIDE-ALTERNATIVEN

★ Auch mit Emmer oder Dinkel schmeckt die Gemüsepfanne gut.

GLUTENFREIE GETREIDE-ALTERNATIVEN

★ Glutenfrei wird die Gemüsepfanne, wenn Sie den gekochten Roggen durch gekochte Quinoa oder Hirse ersetzen.

BOHNEN-MAIS-BURGER MIT KRAUTSALAT

Mit diesem Burger haben wir schon manchem Fleischliebhaber zeigen können, dass würzige Burger auch ohne Fleisch möglich sind.

benötigt Vorbereitung

Für 4 Burger

Patties:

75 g getrocknete Kidneybohnen

1 Zwiebel (80 g)

1 Knoblauchzehe

140 g Zuckermaiskörner

3 EL Öl zum Braten

1 EL Tomatenmark

1 TL Paprikapulver edelsüß

½ TL Cayennepfeffer

Salz

schwarzer Pfeffer, frisch gemahlen

30 g Gersten-Vollkornmehl

40 g Weizen-Vollkornmehl

Krautsalat:

1 ½ EL Olivenöl

2 EL Apfelessig

½ TL Salz

schwarzer Pfeffer, frisch gemahlen

250 g Weißkohl

Avocadocreme:

1 reife Avocado

1–2 Knoblauchzehen

Salz

schwarzer Pfeffer, frisch gemahlen

Sour Cream:

3 EL Saure Sahne

3 EL Schmand

Salz

schwarzer Pfeffer, frisch gemahlen

Brötchen:

4 Burger-Buns entsprechend dem Rezept auf Seite 51

Belag:

einige Salatblätter

1 | Für die Patties am Vortag die Kidneybohnen in reichlich kaltem Wasser einweichen. Einweichwasser wegschütten. Die Bohnen gründlich abspülen, in einen Topf geben, mit Wasser aufkochen und anschließend etwa 1 Stunde bei niedriger Hitze köcheln lassen, bis die Bohnen weich sind.

2 | Für den Krautsalat Olivenöl und Apfelessig in einer Schüssel verrühren, salzen und pfeffern. Weißkohl putzen, achteln, waschen, Strunk entfernen. Achtel in 2 mm breite Streifen schneiden oder hobeln. Kohlstreifen mit dem Dressing gut vermischen, mindestens 30 Minuten durchziehen lassen.

3 | Für die Sour Cream Saure Sahne und Schmand verrühren und mit Salz und Pfeffer abschmecken.

4 | Für die Avocadocreme Avocado längs halbieren und den Kern entfernen. Fruchtfleisch mit einem Löffel auskratzen, in eine kleine Schüssel geben und mit einer Gabel zerdrücken. Knoblauch schälen, fein hacken und zu der Avocadocreme geben. Mit Salz und Pfeffer abschmecken.

5 | Für die Patties Zwiebel und Knoblauch schälen und fein würfeln. Maiskörner waschen und in kochendem Wasser 1–2 Minuten garen, bis sie weich sind. Mais mit einem Schaumlöffel herausheben und beiseitestellen. 1 EL Öl in Pfanne erhitzen, Zwiebel und Knoblauch darin ca. 4 Minuten anschwitzen. Zusammen mit Bohnen, Mais und Tomatenmark grob pürieren. Mit Paprikapulver, Cayennepfeffer, Salz und Pfeffer kräftig abschmecken. Das Gerstenmehl sowie nach und nach das Weizenmehl hinzufügen, bis sich die Masse gut formen lässt. Mit nassen Händen 4 Burger mit 8–9 cm Durchmesser formen.

6 | Restliches Öl in beschichteter Pfanne erhitzen. Die Patties bei mittlerer Hitze ca. 3–5 Minuten von jeder Seite anbraten. Die Burger Buns halbieren und die Schnittflächen in der heißen Pfanne oder auf dem Grill anrösten. Die unteren Hälften mit der Avocadocreme bestreichen, die Brötchendeckel mit der Sour Cream. Die Unterteile mit Salatblättern, Patties und Krautsalat belegen. Die Brötchendeckel daraufsetzen und mit dem restlichen Krautsalat sofort servieren.

VEGANE VARIANTE

★ Die Sour Cream durch eine Mischung aus 3 EL kaltem Wasser, 2 EL Olivenöl, 2 EL Mandelmus, 1 EL hellem Balsamico-Essig, 1 TL mittelscharfem Senf und 1 Prise Salz ersetzen.

WOK-GEMÜSE MIT ROTEM REIS

Um die verschiedenen Reissorten kennenzulernen, eignet sich dieses Rezept hervorragend. Wir bereiten das Wok-Gemüse gerne mit einem Roten Reis zu, der aus der Camargue Region in Frankreich stammt. Seine rote Farbe hat er aufgrund der sehr tonhaltigen Erde, auf der er angebaut wird. Er ist nicht zu verwechseln mit dem aus Asien stammenden rot fermentierten Reis. Natürlich kann man für dieses Gericht auch anderen Vollkornreis verwenden.

laktosefrei

Für 3 Portionen

150 g Roter Reis

1 EL Sesam

1 Zwiebel (70 g)

2 Knoblauchzehen

200 g Chinakohl

200 g Möhren

75 g Zuckerschoten

2 EL Sesamöl

2 Eier

1 TL Honig

4–5 EL Tamari-Sojasoße

Salz

1 | Reis nach Packungsanweisung zubereiten und beiseitestellen. Sesam in einer kleinen Pfanne ohne Fett bei mittlerer Temperatur goldbraun rösten und auf einem Teller abkühlen lassen.

2 | Zwiebel und Knoblauch schälen und fein würfeln. Chinakohl, Möhren und Zuckerschoten waschen und putzen. Kohl längs vierteln, Strunk entfernen und den Kohl in 5 mm breite Streifen schneiden. Möhren in 3 mm × 5 cm lange Stifte schneiden. Zuckerschoten schräg dritteln.

3 | Öl in einem Wok oder einer großen Pfanne erhitzen. Die Zwiebel darin ca. 3 Minuten andünsten. Eier verquirlen, zusammen mit Knoblauch und dem restlichen Gemüse zugeben und ca. 5 Minuten unter Rühren bei starker Hitze anbraten. Den Honig mit der Sojasoße verrühren und untermischen. Den Reis zufügen und alles ca. weitere 4 Minuten anbraten.

4 | Mit Salz abschmecken und mit Sesam bestreut servieren.

GETREIDE-ALTERNATIVEN

★ Statt Rotem Reis können Sie auch jede andere Reissorte verwenden wie z. B. Basmati-Vollkornreis.

SAISONALE VARIANTEN

★ Den Chinakohl können Sie auch sehr gut durch Wirsing ersetzen und die Zuckerschoten durch Shiitake-Pilze.

VEGANE VARIANTE

★ Lassen Sie die Eier weg, ersetzen Sie den Honig durch Reissirup.

EMMER-EINTOPF MIT SELLERIE UND LAUCH

Dies ist eines unserer Lieblingsrezepte mit Knollensellerie. Aber auch mit anderem Gemüse bereiten wir diesen Eintopf immer wieder gerne zu, je nachdem, was unsere Gemüsekiste zu bieten hat.

laktosefrei • vegan

Für 4 Portionen

150 g Lauch

150 g Möhren

200 g Knollensellerie

3–4 EL Olivenöl

einige Zweige Thymian

1 TL Kreuzkümmel (Cumin), gemahlen

1 TL Paprikapulver

1,5 l Gemüsebrühe

150 g Emmer

300 g Kartoffeln

½ Bund glatte Petersilie

Salz

schwarzer Pfeffer, frisch gemahlen

1 | Lauch putzen, längs halbieren und in 5 mm dicke Halbringe schneiden. Möhren putzen, Sellerie schälen und beides ca. 1 cm groß würfeln.

2 | Olivenöl in einem großen Topf erhitzen. Das Gemüse zusammen mit den Thymianzweigen darin glasig andünsten. Kreuzkümmel, Paprikapulver, Gemüsebrühe und Emmer dazugeben.

3 | Alles einmal aufkochen und zugedeckt bei mittlerer Hitze ca. 30 Minuten köcheln lassen.

4 | Die Kartoffeln schälen und ca. 1 cm groß würfeln. Die Kartoffeln zugeben und weitere 10–15 Minuten gar kochen.

5 | Die Petersilie kalt abbrausen, trocken schütteln, Blättchen abzupfen und grob hacken. Den Emmer-Eintopf mit Salz und Pfeffer abschmecken und mit Petersilienblättchen bestreut servieren.

GETREIDE-ALTERNATIVE

★ Emmer können Sie auch sehr gut durch Grünkern ersetzen.

SAISONALE VARIANTEN

Dieses Rezept kann man durch die Wahl des Gemüses immer wieder neu variieren. Folgende Kombination mögen wir ebenfalls sehr gerne:

★ Weißkohl, Möhren, Fenchel und Kartoffeln

★ Zucchini, Paprika, Lauch und Kartoffeln

★ Kohlrabi, Möhren, Lauch und Kartoffeln

GALETTES MIT MANGOLDFÜLLUNG

Als Galettes werden in Frankreich aus der Bretagne stammende herzhafte Buchweizen-pfannkuchen bezeichnet. Das Rezept zu diesen gefüllten und überbackenen Galettes stammt ursprünglich von Kais Mutter. Uns hat es auf Anhieb so gut gefallen, dass es inzwischen auch auf unserem Speiseplan einen Stammplatz hat.

**Für 4 Portionen bzw. für
1 Auflaufform (30 × 22 cm)**

1 kg Mangold
....
2 Zwiebeln (140 g)
....
2 Knoblauchzehen
....
4–5 EL Olivenöl
....
100 ml Gemüsebrühe
....
80 g Buchweizen-Vollkorn-
mehl
....
60 g Dinkel-Vollkornmehl
....
3 Eier
....
220 ml Milch
....
1 Prise Salz
....
Olivenöl zum Ausbacken der
Galettes
....
200 g Feta
....

1   Mangold waschen, putzen und klein schneiden. Zwiebeln und Knoblauch schälen und fein hacken.

2   Olivenöl in einem großen Topf erwärmen. Die Zwiebeln darin ca. 2 Minuten andünsten. Mangold und Knoblauch zugeben und 1–2 Minuten mitdünsten. Mit Gemüsebrühe ablöschen und ca. 15 Minuten garen lassen. Anschließend zum Abkühlen beiseitestellen.

3   Die beiden Mehlsorten, Eier, Milch und Salz mischen, zu einem glatten Teig verrühren und ca. 10 Minuten quellen lassen.

4   In einer beschichteten Pfanne im Olivenöl nacheinander sechs Galettes mit ca. 20 cm Durchmesser ausbacken.

5   Den Backofen auf 200 °C (Umluft 180 °C) vorheizen.

6   Galettes mit der Mangoldfüllung füllen und nebeneinander in die Auflaufform setzen. Den Feta zerbröseln und über die Galettes streuen. Die Galettes ca. 15 Minuten auf mittlerer Schiene überbacken.

GETREIDE-ALTERNATIVE

★ Statt Dinkel können Sie auch Weizen verwenden.

SAISONALE VARIANTEN

★ Sehr gut schmecken die Galettes auch, wenn Sie den Mangold durch Spinat oder Grünkohl ersetzen.

149

GEFÜLLTE PAPRIKA MIT GRÜNKERN

Dieses Gericht basiert auf einem Rezept für mit Hackfleisch gefüllte Paprika. Wir füllen die Paprika inzwischen mit geschrotetem Grünkern. Wegen seines leicht rauchigen Geschmacks eignet sich Grünkern sehr gut, wenn man Rezepte mit Hackfleisch vegetarisieren möchte. Nach dem Quellen kann man die Grünkernmasse oft fast genauso weiterverarbeiten wie Gehacktes.

Für 2 Portionen

150 g Grünkernschrot

520 ml Gemüsebrühe

1 Zwiebel (60 g)

1 EL Olivenöl

2 Stängel glatte Petersilie

3–4 Paprikaschoten

100 g Ricotta

1 EL Tomatenmark

1 Ei

Salz

schwarzer Pfeffer, frisch gemahlen

1 Für die Füllung Grünkern im Topf ohne Fett anrösten, bis er anfängt zu duften. Unter Rühren mit dem Schneebesen 270 ml Gemüsebrühe angießen, aufkochen und auf der ausgeschalteten Herdplatte im geschlossenen Topf 15–20 Minuten ausquellen lassen.

2 Zwiebel schälen und fein hacken. 1 EL Olivenöl in einem kleinen Topf erwärmen. Die Zwiebel darin 1–2 Minuten andünsten. Petersilie kalt abbrausen, trocken schütteln, Blättchen abzupfen und fein hacken.

3 Den Paprikaschoten etwa 1 cm unter dem Stielansatz die Deckel abschneiden, Kerne und Trennwände entfernen.

4 Grünkern mit Zwiebel, Petersilie, Ricotta, Tomatenmark und Ei mischen. Mit Salz und Pfeffer kräftig würzen.

5 Paprikaschoten mit der Grünkernmischung füllen, die Füllung aber nicht zu fest hineindrücken. Paprikaschoten in einen Topf setzen, in dem alle Schoten aufrecht dicht nebeneinander hineingesetzt werden können, und jeweils die Deckel auflegen. Restliche Gemüsebrühe in den Topf gießen. Paprika zugedeckt bei mittlerer Temperatur ca. 30 Minuten garen, bis sie weich sind, dabei darauf achten, dass sie nicht trocken werden. Die Garflüssigkeit weggießen und die Paprika sofort servieren.

ZUCCHINI-NUDELN MIT POLENTA-HAUBE

Wer wissen will, was wir an der italienischen Küche besonders gerne mögen, sollte sich einfach die Zutatenliste für diesen Auflauf anschauen. Mit etwas Fantasie ist er sogar eine Mischung aus Pizza und Pasta. Die Zucchini kommen als Nudeln daher und statt Pizzaboden gibt es eine Haube aus Polenta.

glutenfrei

Für 2 Portionen bzw. für 1 kleine Auflaufform (22 × 14 cm)

1 kleine Zwiebel (50 g)

2 Knoblauchzehen

400 g Tomaten

3 EL Olivenöl

Salz

300 g Zucchini

125 g Mozzarella

schwarzer Pfeffer, frisch gemahlen

325 ml Gemüsebrühe

100 g Maisgrieß (Polenta)

1 TL getrocknete italienische Kräuter

50 g Parmesan

1 Bund Basilikum

Olivenöl für die Form

1 Zweig Thymian für die Garnitur (optional)

WISSENSWERTES

★ Polenta ist in Norditalien so beliebt, dass die Süditaliener ihre Landsleute manchmal etwas abfällig polentoni (Polentafresser) nennen.

1 Zwiebel und Knoblauch schälen und fein hacken. Tomaten waschen, halbieren, Stielansätze entfernen, ca. 1,5 cm groß würfeln und mit 2 EL Olivenöl in einen Topf geben. Zwiebel und Knoblauch hinzufügen. Salzen und etwa 25 Minuten bei mittlerer Hitze im offenen Topf einkochen lassen, dabei ab und zu umrühren. Mit Salz abschmecken.

2 Zucchini waschen, putzen und mit dem Spiralschneider in Spaghettiform schneiden (alternativ: mit Gemüsehobel in ca. 1 mm dicke Scheiben hobeln). Mozzarella abtropfen lassen, vierteln und in ca. 3 mm dicke Scheiben schneiden. Zucchini und Mozzarella in eine Schüssel geben. Mit Salz und Pfeffer abschmecken und alles gut mischen.

3 Gemüsebrühe aufkochen, dann den Topf vom Herd ziehen. Polenta und Kräuter einrühren. Den Topf wieder auf Herdplatte stellen, Grieß einmal aufkochen und im geschlossenen Topf auf der ausgeschalteten Herdplatte 10 Minuten ziehen lassen. Mit Salz und Pfeffer abschmecken. Den Backofen auf 180 °C (Umluft 160 °C) vorheizen.

4 Parmesan grob reiben. Basilikum kalt abbrausen, trocken schütteln, Blätter abzupfen und grob hacken. Die Auflaufform einfetten. Die Hälfte der Zucchini-Mozzarella-Mischung einfüllen. Jeweils die Hälfte der eingekochten Tomaten und des Parmesans, das Basilikum sowie die restliche Zucchini-Mozzarella-Mischung darüberschichten. Dann die restlichen Tomaten und Parmesan darübergeben und mit der Polenta bestreichen. Mit dem restlichen Öl beträufeln. Ca. 25 Minuten backen und auf Wunsch mit gehacktem Thymian garniert servieren.

SPARGEL-BUCHWEIZEN-QUICHE

Quiche gibt es in vielen Varianten. Wir mögen sie besonders gerne aus Buchweizen mit einem Belag aus grünem Spargel und Cherrytomaten.

glutenfrei

Für 1 flache quadratische Quicheform (23 × 23 cm)

100 g kalte Butter

200 g Buchweizen-Vollkornmehl

3 Eier

1 EL Quark

5 EL kaltes Wasser

Salz

120 g Cherrytomaten

300 g grüner Spargel

1 Bund Schnittlauch

80 g Pecorino

200 g Schmand

schwarzer Pfeffer, frisch gemahlen

Butter für die Form

1 Butter in 1–2 cm große Würfel schneiden und mit Mehl, 1 Ei, Quark, dem Wasser und ½ TL Salz zu einem glatten Teig verkneten. Den Teig 1 Stunde kühl stellen.

2 Den Backofen auf 200 °C (Umluft 180 °C) vorheizen. Die Quicheform einfetten. Teig mit den Händen in die Form drücken, dabei einen 2 cm hohen Rand formen. Den Boden mit einer Gabel einstechen, damit sich der Teig beim Backen nicht hebt. Den Teigboden 10 Minuten vorbacken. Anschließend die Ofentemperatur auf 180 °C (Umluft 160 °C) herunterregeln.

3 Für den Belag Tomaten waschen und halbieren. Den Spargel waschen, holzige Enden abschneiden, Spargel im unteren Bereich schälen und die Stangen dritteln. Schnittlauch kalt abbrausen, trocken schütteln und in Röllchen schneiden. 1 Handvoll für die Garnitur beiseitelegen.

4 Für den Guss den Käse fein reiben und mit Schnittlauch, 2 Eiern, dem Schmand, Salz und Pfeffer mischen. Guss auf den Teigboden gießen und mit den Spargelstücken und Tomatenhälften belegen.

5 Die Quiche ca. 40 Minuten auf mittlerer Schiene backen. Danach kurz abkühlen lassen und mit dem restlichen Schnittlauch garniert servieren.

GETREIDE-ALTERNATIVE

★ Wenn die Quiche nicht glutenfrei sein muss, können Sie statt Buchweizen auch Dinkel verwenden.

SAISONALE VARIANTE

★ Sehr gut schmeckt die Quiche auch, wenn Sie den Spargel durch Fenchel und den Schnittlauch durch Thymian ersetzen. Dazu den Fenchel vierteln, Strunk entfernen und in ca. 0,5 cm breite Spalten schneiden. Von einem ½ Bund Thymian die Blättchen abzupfen oder alternativ 1 TL getrockneten Thymian verwenden.

SÜSSES

AMARANTH-MOUSSE MIT JOHANNISBEEREN

In Sahne gekochter Amaranth ist eine köstliche Alternative zu Milchreis oder Grießpudding. Wir haben unser Dessert außerdem mit Mandeln und Rosenwasser verfeinert. Im Sommer kann man es prima mit Beeren kombinieren und im Winter wird es zusammen mit Granatapfelkernen und Physalis zum Festtagsdessert.

glutenfrei

Für 2 Portionen

100 g Amaranth

150 ml Wasser

200 g Sahne

¼ TL gemahlener Kardamom

3 EL flüssiger Honig

1 EL Rosenwasser

30 g gemahlene Mandeln

100 g rote Johannisbeeren

gemahlene Bourbon-Vanille

3 TL Kokosflakes
(alternativ: Kokosraspeln)

1 Prise Zimt

1 Amaranth mit dem Wasser, 100 g Sahne und Kardamom in einen Topf geben und aufkochen. Hitze reduzieren und 20–25 Minuten bei geschlossenem Deckel köcheln lassen. Anschließend den Amaranth 10 Minuten ausquellen lassen. 2 EL Honig , Rosenwasser und Mandeln unterrühren und abkühlen lassen.

2 Die Johannisbeeren waschen, vorsichtig trocken tupfen und die Beeren von den Rispen abstreifen. 1 EL Honig mit 1 Prise Vanille mischen und die Beeren darin marinieren.

3 Kokosflakes in einer Pfanne ohne Fett anrösten, bis sie leicht Farbe annehmen.

4 Die restliche Sahne schlagen und mit 1 Prise Vanille und dem Zimt unter den abgekühlten Amaranth heben.

5 Die Amaranth-Mousse mit den eingelegten Johannisbeeren abwechselnd in 2 Gläser schichten und mit den gerösteten Kokosflakes garnieren.

GETREIDE-ALTERNATIVE

★ Statt Amaranth können Sie auch Hirse verwenden. Dazu 75 g Hirse mit 160 ml Wasser und 100 g Sahne 10–15 Minuten bei geschlossenem Deckel köcheln lassen und anschließend 10 Minuten ausquellen lassen.

VEGANE VARIANTE

★ Ersetzen Sie die Sahne durch pflanzliche Sahne und den Honig durch Reissirup.

SAISONALE VARIANTE

★ Sehr gut kann man die Johannisbeeren auch durch Physalis und Granatapfelkerne ersetzen. Den Granatapfel vierteln und die Kerne mit einem Löffel herauslösen.

GEBACKENER MAISPUDDING

Dieser Winterklassiker aus New England musste gleich aus zwei Gründen unbedingt seinen Platz im Buch bekommen. Zum einen ist er von Haus aus ein leckerer Nachtisch für Menschen mit Verträglichkeitsproblemen bei klassischem Getreide. Zum anderen hat der eine von uns eine extreme Vorliebe für diese Süßspeise entwickelt, besonders, wenn sie noch warm ist. Dann darf sie gerne auch mit Schlagsahne oder einer Kugel Eis serviert werden.

glutenfrei

Für 4 Portionen

430 ml Milch

50 g Maisgrieß (Polenta)

25 g Rübenkraut

30 g Honig

2 Eier

Butter zum Einfetten

1 Die Milch in einem kleinen Topf aufkochen. Herdplatte ausschalten. Den Maisgrieß unter Rühren zur Milch geben. Den Grießbrei bei geschlossenem Deckel 20 Minuten ausquellen lassen, dabei gelegentlich umrühren.

2 Ein tiefes Backblech oder eine größere Auflaufform in den Ofen (Mitte) schieben und den Backofen auf 150 °C (Umluft 130 °C) vorheizen. Gut 1,5 l Wasser aufkochen und auf das Blech gießen.

3 Rübenkraut, Honig und Eier mit dem Grießbrei verrühren.

4 4 kleine Förmchen (150–170 ml) mit Butter einfetten und die Grießmasse einfüllen. Förmchen vorsichtig ins heiße Wasserbad setzen und den Pudding ca. 2 Stunden im Ofen backen. Dann den Maispudding aus dem Ofen nehmen, kurz abkühlen lassen und am besten warm servieren.

WISSENSWERTES

★ Da in den USA Weizen knapp war, entwickelten frühe US-Siedler diesen Nachtisch mit Mais, der seinen Ursprung im englischen *Hasty Pudding* hat.

CANIHUA-SCHOKOPUDDING MIT ORANGE UND CHILI

Canihua wird gerne für Schokoladenpudding verwendet. Unsere Variante haben wir außerdem mit Orange und Chili verfeinert. Inspiriert hat uns dazu das Schokoladen-Orangen-Eis mit Chili, das es während des Sommers in einem unserer Lieblingscafés gibt. Mit diesem Pudding können wir nun die Wartezeit bis zur nächsten Eissaison genüsslich überbrücken.

glutenfrei • laktosefrei • vegan

Für 2 Portionen

50 g Canihua

1 Bio-Orange

20 g Kakaobutter

250 ml pflanzliche Milch (z. B. Reismilch)

2 EL Kakaopulver (am besten Rohkostqualität)

2 EL Reissirup

1–2 Prisen Chiliflocken

1 Canihua fein mahlen. Orange heiß waschen, die Schale fein abreiben und 2 EL Saft auspressen. Kakaobutter und Canihua mit 125 ml Pflanzenmilch in einen Topf geben und unter ständigem Rühren zum Kochen bringen.

2 Die restliche Milch, Orangenabrieb und -saft, Kakao, Reissirup und Chiliflocken dazugeben und unter Rühren weiter köcheln lassen, bis die Masse nach ca. 10 Minuten dick wird. In kleine Schälchen oder Tassen füllen und im Kühlschrank fest werden lassen.

GETREIDE-ALTERNATIVE

★ Sie können den Schokopudding auch mit Teffmehl zubereiten. Sie benötigen dann 300 ml pflanzliche Milch und es reicht aus, den Pudding 5–7 Minuten köcheln zu lassen. Außerdem haben wir bei Teffmehl gute Erfahrungen damit gemacht, sofort die gesamte Milchmenge in den Topf zu geben.

WISSENSWERTES

★ Reissirup ist ein traditionelles Süßungsmittel aus Japan. Und auch wenn er streng genommen nicht vollwertig ist, so nutzen wir ihn doch gerne bei veganen Speisen. Denn er enthält keine Fructose. Außerdem besitzt er einen hohen Anteil an Mehrfachzuckern, wodurch sich die Zuckeraufnahme ins Blut verzögert und das Verlangen nach mehr Süßem ausbleibt.

APFELREIS AUS DEM OFEN MIT VANILLESOSSE

Diese Milchreisvariation essen wir besonders gerne in den Wintermonaten, wenn uns nach süßem Wohlfühlessen zumute ist. Das Schöne bei der Zubereitung ist zudem, dass man sich um das restliche Wohlfühlambiente kümmern kann, während der Auflauf im Ofen gart.

glutenfrei

Für 2 Portionen bzw. für 1 kleine Auflaufform (22 × 14 cm)

Apfelreis:

100 g Rundkorn-Vollkornreis (Naturreis)

200 ml Wasser

300 ml Milch (alternativ: Pflanzenmilch)

1 Apfel (150 g)

2 Eier

125 g Quark

30 g Honig

½ TL Zimt

1 Prise gemahlene Bourbon-Vanille

Butter für die Form

Vanillesoße:

1 Banane

½ TL gemahlene Bourbon-Vanille

40 g Mandelmus

70 ml Wasser

1 | Reis mit Wasser in einen Topf geben, aufkochen und bei niedriger Temperatur 20 Minuten köcheln lassen. Anschließend Milch dazugeben, erneut aufkochen und bei niedriger Temperatur weitere 25–30 Minuten köcheln lassen, bis alle Flüssigkeit vom Reis aufgenommen ist, dabei regelmäßig umrühren. Danach den Reis in eine Schüssel geben und auskühlen lassen. Den Backofen auf 170 °C (Umluft 150 °C) vorheizen.

2 | Auflaufform gut einfetten. Den Apfel waschen und grob raspeln. Eier verquirlen und mit Quark, Honig, Zimt, Vanille und Apfelraspel unter den Reis rühren und in die Form geben. Auf mittlerer Schiene ca. 35 Minuten backen.

3 | Für die Vanillesoße die Banane schälen, in grobe Stücke schneiden und mit den übrigen Zutaten im Mixer zu einer cremigen Soße pürieren. Zusammen mit dem gebackenen Reis servieren.

SAISONALE VARIANTEN

★ Statt Apfelraspel kann man auch klein geschnittene Birnenstücke, Pflaumen oder entkernte Kirschen unter den Reis rühren.

APFEL-BROMBEER-CRUMBLE MIT HIRSE

Dieser Crumble bekommt sein nussiges Aroma durch den Buchweizen, den wir mit Hirseflocken kombiniert haben, sodass er auch von denjenigen genossen werden kann, die aus gesundheitlichen Gründen auf Gluten verzichten müssen. Und besonders lecker schmeckt er mit Joghurt, Sahne oder Vanilleeis.

glutenfrei • laktosefrei

Für 2 Portionen bzw. für 1 kleine Auflaufform (22 × 14 cm)

1 großer Apfel (200 g)

100 g Brombeeren

60 g flüssiger Honig

75 g Hirseflocken

25 g Buchweizen-Vollkornmehl

50 g Butter

1 Prise Zimt

1 Prise gemahlene Bourbon-Vanille

Butter für die Form

1 | Den Backofen auf 180 °C (160 °C Umluft) vorheizen. Die Auflaufform gut einfetten.

2 | Den Apfel und die Brombeeren waschen. Apfel in mundgerechte Stücke schneiden und zusammen mit den Brombeeren in eine Auflaufform geben. 30 g Honig unterheben.

3 | Die restlichen Zutaten in eine Schüssel geben und zu groben Streuseln vermengen. Die Streusel gleichmäßig über dem Obst verteilen.

4 | Den Crumble 25–30 Minuten auf mittlerer Schiene backen, bis die Streusel goldbraun sind und das Obst weich ist.

GETREIDE-ALTERNATIVE

★ Wenn der Crumble nicht glutenfrei sein muss, können Sie die Hirseflocken auch durch geschroteten Hafer oder zarte Haferflocken ersetzen.

VEGANE VARIANTE

★ Ersetzen Sie Honig durch Reissirup und Butter durch Kokosöl.

SAISONALE VARIANTEN

★ Im Frühling verwenden wir auch gerne Rhabarber für den Crumble, während im Sommer vor allem Beeren hineinkommen. Und im Spätsommer und Herbst genießen wir ihn dann mit Birnen und Quitte.

HIRSE-SCHOKO-KUGELN

Diese süßen Kugeln kann man nicht nur selbst genießen, sondern auch ganz wunderbar verschenken, wobei wir für die veganen Leckermäulchen auch extra eine eigene Variante entwickelt haben, bei der Datteln für die nötige Süße sorgen.

HIRSE-KOKOS-KUGELN MIT KAKAO

laktosefrei • vegan

Für ca. 14 Stück

2 EL Kokosöl

35 g Hirseflocken

30 g zarte Haferflocken
(alternativ: Hafer, geschrotet)

20 g Kokosraspel

2 EL Kakaopulver
(am besten Rohkostqualität)

120 g Datteln, entsteint (ca. 16 Stück)

Kokosraspel zum Wälzen

Das Kokosöl vorsichtig im Wasserbad oder in einem Topf bei kleinster Herdeinstellung schmelzen. Kokosöl zusammen mit den übrigen Zutaten im Mixer zu einer teigartigen Masse mischen. Aus der Masse kleine Kugeln formen, in den Kokosraspeln wälzen und bis zum Verzehr im Kühlschrank aufbewahren.

HIRSE-NUSS-KUGELN MIT KAKAOBUTTER

laktosefrei

Für ca. 10 Stück

20 g Haselnüsse

20 g Mandeln

25 g Kakaobutter

35 g Hirseflocken

30 g zarte Haferflocken
(alternativ: Hafer, geschrotet)

50 g flüssiger Honig

gemahlene Haselnüsse oder
Mandeln zum Wälzen

Die Haselnüsse und Mandeln mahlen. Die Kakaobutter vorsichtig im Wasserbad oder in einem Topf bei kleinster Herdeinstellung schmelzen. Kakaobutter zusammen mit den restlichen Zutaten zu einer teigartigen Masse verkneten. Dann aus der Masse kleine Kugeln formen, in den gemahlenen Nüssen oder Mandeln wälzen und bis zum Verzehr im Kühlschrank aufbewahren.

VEGANE VARIANTE

★ Ersetzen Sie den Honig durch Reissirup.

FLAPJACKS MIT AMARANTH

Für uns geht nichts über selbstgemachte Flapjacks. Wir genießen sie als gesunde Leckerei, und auch bei Wanderungen sind sie stets als Wegzehrung dabei.

laktosefrei

Für ca. 15 Stück bzw. für 1 Backform (20 × 20 cm)

125 ml Kokosöl

140 g Honig

10 g Chia-Samen

3 EL Wasser

70 g getrocknete Datteln, entsteint (ca. 9 Stück)

80 g Mandeln

1 TL gemahlener Zimt

1 Prise Salz

30 g Amaranth-Pops

200 g zarte Haferflocken (alternativ: Hafer, geschrotet)

20 g Leinsamen

Backpapier für die Form

1 | Kokosöl und Honig vorsichtig in einem Topf bei kleinster Herdeinstellung schmelzen. Chia-Samen mit dem Wasser vermischen und kurz quellen lassen. Datteln klein schneiden, Mandeln mahlen. Den Backofen auf 170 °C (Umluft 150 °C) vorheizen.

2 | Geschmolzenes Öl, Honig, gequollene Chia-Samen und Datteln in eine Schüssel geben und vermischen. Mit Zimt und Salz würzen. Die restlichen Zutaten dazugeben und alles gut miteinander vermischen.

3 | Die Backform mit Backpapier auslegen. Masse in die Backform geben, fest zusammendrücken und 30 Minuten auf mittlerer Schiene backen.

4 | Frisch aus dem Ofen sind die Flapjacks noch sehr weich. Daher die Flapjacks vollständig abkühlen lassen und dann mit einem scharfen Messer in Stücke schneiden.

VEGANE VARIANTE

★ Einfach den Honig durch Reissirup ersetzen.

KÜCHEN-TIPPS

★ Wer es nicht so süß mag, kann etwas weniger Honig verwenden.

WISSENSWERTES

★ Flapjacks stammen aus Großbritannien. Hierbei handelt es sich um gebackene Haferriegel, die ursprünglich aus Haferflocken, Butter, Zucker und Zuckersirup zubereitet wurden. Inzwischen gibt es aber auch Varianten, die ohne Fabrikzucker auskommen.

MÖHREN-KOKOS-CUPCAKES

Diese Cupcakes gibt es bei uns nicht nur zu Ostern, sondern das ganze Jahr über: mal zum Kaffee oder Tee, manchmal zum Brunch oder aber einfach so. Für die Süße sorgen die verwendeten Früchte und dank Reismehl und Chia-Samen kommen die Cupcakes ohne Eier aus und sind zudem glutenfrei.

glutenfrei

Für 12 Cupcakes

Teig:

30 g Chia-Samen

6 EL Wasser

170 g Reismehl

1 ½ EL Weinsteinbackpulver

25 g Kokosraspel

1 Prise gemahlene Bourbon-Vanille

1 Banane

50 ml Kokosöl

1 EL Honig

250 g Möhren

1 kleiner Apfel (100 g)

Papierförmchen oder Butter für die Form

Frosting:

200 g Doppelrahmfrischkäse

3 EL flüssiger Honig

25 g Kokosraspel

1 | Chia-Samen mit 6 EL Wasser verrühren. Den Backofen auf 190 °C (Umluft 170 °C) vorheizen. Die Vertiefungen eines Muffinblechs einfetten oder Papierförmchen hineinsetzen.

2 | Das Reismehl in eine Schüssel geben und mit Backpulver, Kokosraspeln und Vanille vermischen.

3 | Die Banane schälen und zusammen mit den gequollenen Chia-Samen, Kokosöl und dem Honig in einen Mixbehälter geben. Möhren und Apfel waschen, grob reiben und hinzufügen. Alles cremig pürieren, unter die Mehlmischung geben und den Teig einige Minuten quellen lassen.

4 | Den Teig in die Blechvertiefungen einfüllen und 20–25 Minuten auf mittlerer Schiene backen. Die Muffins 5 Minuten in der Form ruhen lassen, danach aus der Form nehmen und auf einem Kuchengitter abkühlen lassen.

5 | Für das Frosting Frischkäse mit dem Honig verrühren und kalt stellen. Das Frosting mit einem Löffel oder Spritzsack auftragen und mit Kokosraspeln verzieren.

VEGANE VARIANTE

★ Honig durch Reissirup ersetzen und für das Frosting veganen Frischkäse verwenden oder einfach auf das Frosting verzichten.

TEFF-BROWNIES

Bei diesen Brownies gibt es dank der verwendeten Zutaten eigentlich keine Gründe mehr für einen Verzicht, außer man hatte vielleicht schon zwei Stücke.

glutenfrei • laktosefrei • vegan

Für 1 kleine Auflaufform (22 × 14 cm)

20 g Haselnüsse

160 g Teffmehl

40 g Kakaopulver (am besten Rohkostqualität)

1 EL Weinsteinbackpulver

1 Prise Salz

2 reife Bananen (ca. 350 g)

110 g getrocknete Datteln, entsteint (ca. 16 Stück)

20 g Chia-Samen

1 EL Kokosöl

100 ml Wasser

100 g gehackte Schokolade (nach Geschmack)

Kakaopulver zum Bestäuben

1 Haselnüsse fein hacken und beiseitestellen. Mehl, Kakao und Backpulver mit Salz in einer Schüssel vermischen. Den Backofen auf 180 °C (Umluft 160 °C) vorheizen.

2 Bananen schälen. Bananen, Datteln, Chia-Samen, Kokosöl und das Wasser in einem Mixbehälter cremig pürieren. Die Masse unter die Mehlmischung rühren.

3 Dann die Haselnüsse und auf Wunsch Schokolade unter den Teig kneten. Die Backform mit Backpapier auslegen und den Teig in die Auflaufform füllen. Die Brownies 25 Minuten auf der mittleren Schiene backen. Vor dem Servieren vollständig auskühlen lassen und mit Kakao bestäubt servieren.

GETREIDE-ALTERNATIVE

★ Sie können die Brownies auch mit Dinkel oder Weizen zubereiten. In dem Fall benötigen Sie nur 120 g Vollkornmehl und 60 ml Wasser.

WISSENSWERTES

★ Weil Teffmehl besonders viel Flüssigkeit aufnimmt, benötigt es mehr Wasser als andere Getreidearten. Das Ergebnis sind sehr saftige Brote oder Kuchen, die lange frisch schmecken.

HAFER-SCHOKO-KEKSE

Hafer mögen wir aufgrund seines Geschmacks besonders gerne. Außerdem ist er leicht bekömmlich und hat zudem gleich mehrere positive Eigenschaften (siehe Seite 23). Kein Wunder, dass wir diese Kekse dann auch fast ohne schlechtes Gewissen genießen.

Ergibt 20 Kekse

80 g Mandeln

220 g zarte Haferflocken
(alternativ: Hafer,
geschrotet)

1 EL Weinsteinbackpulver

160 g weiche Butter

80 g Honig

2 Eier

1–2 EL Kakaopulver
(am besten Rohkostqualität)

1 Prise gemahlene
Bourbon-Vanille

1 | Den Backofen auf 180 °C (Umluft 160 °C) vorheizen. Die Mandeln mahlen.

2 | Hafer, Backpulver, Butter, Honig, Eier, Mandeln, Kakao und Vanille in eine Schüssel geben und alles gut vermischen.

3 | Mit einem Esslöffel Teigkleckse auf ein Backblech setzen und leicht andrücken. Die Kekse 20 Minuten im Ofen backen, dann vom Blech lösen und auf einem Kuchengitter abkühlen lassen.

KÜCHEN-TIPP

★ Wenn der Honiggeschmack nicht so intensiv sein soll, empfehlen wir, Akazienhonig zu verwenden.

VARIANTEN

Sehr lecker schmecken auch folgende Keks-Varianten:

★ Zusätzlich einige Trockenfrüchte in den Teig mischen, wie z. B. klein gehackte Aprikosen oder Cranberries.

★ Wer es schokoladiger möchte, gibt einige Kakaonibs in den Teig.

BUCHWEIZEN-STREUSELKUCHEN MIT RHABARBER

Dieser Streuselkuchen ist bestens geeignet, um Obstschwemmen fast jeder Art zu begegnen. Und wer mag, kann bei diesem Kuchen auch mehr Obst verwenden, als im Rezept angegeben.

glutenfrei

Für 1 kleines Blech (24 × 37 cm)

Teig:

450 g Rhabarber	
4 Eier	
150 g Honig	
50 g weiche Butter	
250 g Quark	
4 EL Wasser	
250 g Buchweizen-Vollkornmehl	
1 ½ EL Weinsteinbackpulver	
Butter für die Form	

Guss:

120 g Sahne
60 g Butter
70 g Honig
1 Prise gemahlene Bourbon-Vanille

Streusel:

150 g Buchweizen-Vollkornmehl
75 g Butter
50 g Honig
1 Prise Zimt
1 Prise gemahlene Bourbon-Vanille

1 Den Rhabarber putzen, schälen, in 1–2 cm große Stücke schneiden und kurz blanchieren. Den Backofen auf 180 °C (Umluft 160 °C) vorheizen.

2 Eier, Honig, Butter, Quark und Wasser schaumig rühren. Mehl mit Backpulver mischen und unterrühren. Das Backblech einfetten. Den Teig auf das Blech geben und die Rhabarberstücke darauf verteilen.

3 Für den Guss Sahne, Butter und Honig in einen kleinen Topf geben und vorsichtig erhitzen, bis Butter und Honig flüssig werden. Gemahlene Vanille zugeben und den Guss gleichmäßig über die Rhabarberstücke verteilen.

4 Für die Streusel Mehl, Butter, Honig, Zimt und gemahlene Vanille vermengen, bis Streusel entstehen und diese über den Kuchen verteilen.

5 Den Buchweizen-Streuselkuchen ca. 40 Minuten auf der mittleren Schiene backen.

GETREIDE-ALTERNATIVEN

★ Sie können den Kuchen auch sehr gut mit Dinkel oder Weizen statt mit Buchweizen zubereiten.

SAISONALE VARIANTEN

★ Im Sommer essen wir den Kuchen auch gerne mit Blaubeeren oder Stachelbeeren. Und unsere Favoriten für den Herbst sind Pflaumen, Birnen und Äpfel.

ZUCCHINI-NUSSKUCHEN

Für diesen Kuchen haben wir ein überliefertes Rezept vollwertig abgewandelt. Statt Zucker süßen wir mit Honig und beim Mehl haben wir uns für eine Kombination aus Kamut und Weizen entschieden. Kamut mit seinem leicht nussigen Geschmack passt einfach prima zu einem Nusskuchen, und der Weizenanteil sorgt dafür, dass der Kuchen etwas fluffiger wird.

Für 1 Gugelhupfform (Ø 20 cm)

100 g Haselnüsse

250 g Zucchini

125 g Honig

1 Prise gemahlene Bourbon-Vanille

3 Eier

100 g Sahne

50 g Butter

200 g Kamut-Vollkornmehl

175 g Weizen-Vollkornmehl

½ TL Zimt

1 ½ EL Weinsteinbackpulver

Butter für die Form

1 | Die Nüsse mahlen. Die Zucchini waschen, putzen und reiben. Backofen auf 180 °C (Umluft 160 °C) vorheizen.

2 | Honig, Vanille, Eier, Sahne und Butter schaumig rühren. Die beiden Mehlsorten mit Zimt, Backpulver und Nüssen in einer zweiten Schüssel mischen. Dann die Mischung im Wechsel mit den geriebenen Zucchini unter die schaumig geschlagene Eier-Sahne-Masse rühren.

3 | Die Backform einfetten. Den Teig einfüllen, glatt streichen und ca. 1 Stunde auf mittlerer Schiene backen.

GETREIDE-ALTERNATIVEN:

★ Statt Kamut können Sie auch Hartweizen oder Emmer verwenden. Der Weizen (bzw. Weichweizen) lässt sich auch sehr gut durch Dinkel ersetzen, das sehr ähnliche Backeigenschaften besitzt.

SERVICE

NÄHRWERTTABELLE – ALLES IM BLICK

Die folgende Tabelle gibt einen Überblick über einige ausgewählte Inhaltsstoffe. Da Getreide und Pseudogetreide Naturprodukte sind, können die Werte naturgemäß schwanken – in Abhängigkeit von Sorte, Umweltbedingungen (Boden, Klima) und Anbautechnik (Düngung, Pflanzenschutz).

Nährwerte pro 100 g	Eiweiß (g)	Fett gesamt (g)	Fett MUFS (g)	Ballast-stoffe (g)	Ca (mg)	Mg (mg)	Fe (mg)
Glutenhaltige Getreidesorten							
Dinkel / Grünkern, Korn	11,6	2,7	1,2	8,8	22	130	4,2
Einkorn*	10,8	2,7		8,8			
Emmer**	13	2,5		9			
Gerste, Korn, entspelzt	10,4	2,1	1,3	9,8	38	114	2,8
Hafer, Korn, entspelzt	9,9	7,1	2,9	9,7	80	129	5,8
Kamut*	14,8	2,4		8,9			
Roggen, Korn	8,8	1,7	0,8	13,2	37	91	2,8
Weizen, Korn	10,6	1,8	0,8	13,3	33	97	3,3
Glutenfreie Getreidesorten							
Hirse, Korn, entspelzt	9,9	3,9	1,9	3,8	10	123	6,9
Mais, Korn	8,5	3,8	1,7	9,7	8	91	1,5
Naturreis, entspelzt	7,2	2,2	0,8	13,1	16	119	3,2
Teffmehl	13,3	2,4	1,1	8	180	184	7,6
Wildreis	7	2	0,7	3	25	120	2
Pseudogetreidesorten							
Amaranth	14,6	8,8	4,1	10,3	214	308	9
Buchweizen, Korn geschält	9,1	1,7	0,6	3,7	21	142	3,5
Canihua*	15	8		12		211	14
Chia-Samen	16,5	30,7	23,7	34,4	631	335	7,7
Quinoa	13,8	5	2,6	6,6	80	276	8
Nährwerte verschiedener Weizenprodukte im Vergleich							
Ganzes Korn	10,6	1,8	0,8	13,3	33	97	3,3
Mehl, Type 405	10,6	1	0,4	4	15	20	1,5
Grieß	10,8	1	0,4	7,1	17	30	1
Backschrot, Type 1700	12,1	2	0,8	11,7	28	130	4,7
Kleie	14,9	4,7	2,3	45,1	67	490	16
Keime, getrocknet	26,6	9,2	4	17,7	49	285	8,5

QUELLEN: GU Nährwert Kalorien Tabelle 2016 / 17
   * Davert Produkt-Datenblätter
   ** REISHUNGER Produktinformationen

ABKÜRZUNGEN:
MUFS: Mehrfach ungesättigte Fettsäuren
Ca: Calcium · Mg: Magnesium · Fe: Eisen

GLUTENFREIE UND VEGANE REZEPTE

Die folgenden Rezepte sind vegan oder glutenfrei oder können ohne großen Aufwand entsprechend abgewandelt werden. Vegane bzw. glutenfreie Varianten sind mit * gekennzeichnet.

GLUTENFREIE REZEPTE

VEGANE REZEPTE

SCHNELL NACHGESCHLAGEN

Alle Rezepte sind **fett** hervorgehoben.

ÜBER DIE AUTOREN

Eva Gründemann und Kai Okrafka
teilen sich nicht nur ihre Vorliebe für vollwertige kreative Gerichte, sondern noch viele weitere gemeinsame Interessen wie z. B. die Fotografie. Kai ist Naturwissenschaftler und hatte schon in Kindheit und Jugend durch die Tätigkeit seiner Mutter als Ernährungsberaterin Kontakt mit vollwertiger Ernährung. Inzwischen hat ihn das Thema auch aufgrund von eigenen Nahrungsmittelunverträglichkeiten wieder eingeholt.

Eva ist freischaffende Designerin, Food-Fotografin und Bloggerin. Ihre leckeren Kreationen aus gesunden, saisonalen Zutaten veröffentlicht sie regelmäßig auf ihrem Blog Food Vegetarisch. Dort stellt sie außerdem Kochbücher vor und gibt Tipps zur Food-Fotografie. Aktuell ist sie in Oldenburg und Hildesheim, dem Heimatort von Kai, zu Hause.

Weitere Informationen finden Sie auf www.food-vegetarisch.de

BEZUGSQUELLEN

Sie möchten noch mehr über Getreide und Körner erfahren, oder Sie sind auf der Suche nach Bezugsquellen für bestimmte Körnersorten oder Küchengeräte? Dann hoffen wir, dass Sie hier fündig werden. Hier stellen wir Bücher und Internetangebote vor, die uns selbst besonders inspirieren und wo wir auch immer wieder nachschlagen. Die Einträge sind alphabetisch aufgelistet.

Küchengeräte
Hier haben wir einen Teil unserer Küchenhelfer gefunden:
* www.eschenfelder.de
* www.esge-zauberstab.de/esge-zauberstab
* www.getreidemuehlen.de
* www.gruenesmoothies.org
* www.muehlenprofi.de
* www.schnitzer.eu
* www.vitamix.de

Getreide und Körner
Dies sind Online-Shops, auf die wir manchmal zurückgreifen, wenn wir bestimmte Körner nicht vor Ort kaufen können:
* www.chiemgaukorn.de
* www.getreidemuehlen.de
* www.reishunger.de
* www.spielberger-muehle.de

ZUM WEITERLESEN

Hier schlagen wir nach, wenn wir wissen wollen, welche Nährstoffe in bestimmten Nahrungsmitteln enthalten sind:

Die große GU Nährwert-Kalorien-Tabelle 2016 / 17
Autoren: Ibrahim Elmadfa, Waltraute Aign, Erich Muskat, Doris Fritzsche
Verlag: GRÄFE UND UNZER Verlag GmbH, 2015
ISBN 3833847972

Vieles zur Geschichte der verschiedenen Körner und ihren Eigenschaften wissen wir dank dieser Bücher:

**Am Anfang war das Korn:
Eine andere Geschichte der Menschheit**
Autor: Hansjörg Küster
Verlag: C.H.Beck, 2013
ISBN 3406652174

**Unterschätzte Getreidearten:
Einkorn, Emmer, Dinkel & Co.**
Autor: Thomas Miedaner, Friedrich Longin
Verlag: Erling Verlag, 2012
ISBN 386263079X

Pseudogetreidearten: Buchweizen, Reismelde, Amarant. Herkunft, Nutzung und Anbau
Autor: Walter Aufhammer
Verlag: Verlag Eugen Ulmer, 2000
ISBN 3800131897
(vergriffen, aber antiquarisch erhältlich)

Korngesund: Das Getreide-Handbuch
Hintergrundinfos zu diversen Getreidesorten, Verarbeitungstipps und Rezepte.
Autor: Waltraud Becker
Verlag: emu-Verlags- und Vertriebsgesellschaft Ernährung-Medizin-Umwelt, 2003
ISBN 3891891059

Falls Sie sich vollwertig ernähren und aus gesundheitlichen Gründen auf Gluten verzichten müssen, können wir Ihnen dieses Buch empfehlen.

Backen mit Buchweizen
Allen Rezepten gemeinsam ist, dass sie vollwertig und glutenfrei sind. Und auch Rezepte mit Hirse finden sich in dem Buch.
Autor: Modesta Bersin
Verlag: AT Verlag, 2012
ISBN 3038006785

SEHENSWERT

Im Schaugarten Schönhagen (www.schaugarten.kuhmuhne.de) werden neben alten Gemüsesorten auch alte Getreidesorten und viele Pseudogetreidesorten angebaut. Außerdem kann man im dazugehörigen Online-Shop (www.dreschflegel-shop.de) das Saatgut für viele Sorten erwerben.

INTERNET-TIPPS

Food-Blogs

Hier haben wir schon einige leckere Rezepte mit Getreide gefunden:

- www.carrotsforclaire.com
- www.greenkitchenstories.com
- www.mynewroots.org
- www.vollwert-blog.de

Allgemeine Infos zu Getreide und anderen Körnern

Seiten für alle, die tiefer in die Materie einsteigen wollen:

Auf der Seite des information.medien.agrar e.V. findet man nicht nur Informationen zu Landwirtschaft und Getreide sondern auch Medien für Lehrende.

- www.ima-agrar.de

Bei der Thüringer Landesanstalt für Landwirtschaft findet man auch Infos zu alten Getreidesorten und ihrem Anbau.

- www.thueringen.de/th9/tll

Allgemeine Infos zu Getreide (Sorten, Anbau) und Landwirtschaft bieten die Seiten des Landwirtschaftlichen Technologiezentrums Augustenberg.

- www.ltz-bw.de

Viele Infos zu Reis findet man auf der Seite der Londoner Universität.

- www.ucl.ac.uk/silva/rice

Wer sich tiefgreifender über verschiedene Getreide- und Pseudogetreidearten informieren will, findet hier neben allgemeinen Infos auch Informationen zur Weltökonomie, Forschung und Genom.

- http://archive.gramene.org

Bildquellen

Alle Fotos stammen von Eva Gründemann.

Impressum

Die in diesem Buch enthaltenen Empfehlungen und Angaben sind von den Autoren mit größter Sorgfalt zusammengestellt und geprüft worden. Eine Garantie für die Richtigkeit der Angaben kann aber nicht gegeben werden. Autoren und Verlag übernehmen keine Haftung für Schäden und Unfälle. Bitte setzen Sie bei der Anwendung der in diesem Buch enthaltenen Empfehlungen Ihr persönliches Urteilsvermögen ein. Der Verlag Eugen Ulmer ist nicht verantwortlich für die Inhalte der im Buch genannten Websites.

Bibliografische Information der Deutschen Nationalbibliothek
Die Deutsche Nationalbibliothek verzeichnet diese Publikation in der Deutschen Nationalbibliografie; detaillierte bibliografische Daten sind im Internet über http://dnb.d-nb.de abrufbar.

© 2017 Eugen Ulmer KG
Wollgrasweg 41, 70599 Stuttgart (Hohenheim)
E-Mail: info@ulmer.de
Internet: www.ulmer-verlag.de
Konzeption und Projektmanagement:
SeitenWerk, Ute Rather, Hamburg
Lektorat: Anja Fleischhauer, Antje Munk, Lisa Seibel
Herstellung: Martina Weber
Umschlagentwurf, Layout und Satz:
Antje Warnecke, nordendesign.de
Reproduktion: timeRay Visualisierungen, Jettingen
Druck und Bindung: Neografia, Martin
Printed in Slovakia

ISBN 978-3-8001-0878-7